与香港大学郎咸平教授合影

与教育部“十二五”课题组杨克主任合影

与经济学家解思忠合影

与演讲家李燕杰合影

在清华大学总裁班授课

在中国企业教育百强年度盛典上演讲

在云南省农村信用社理财业务知识管理人员培训班授课

在北京名师汇团购赛上演讲

在甘肃省电力集团为中高管授课

为内蒙银行中高层经理授课

在国际会议中心演讲

接受“搜狐频道”财商教育专访

作为理财专家做客央视网

在保险家大讲坛作演讲

在盛视空中商学院春节特别节目作演讲

在搜狐为职业经理人讲授财商课程

2008 年荣获全国成功创业女性奖

2009 年被授予“企业教育百强培训师”称号

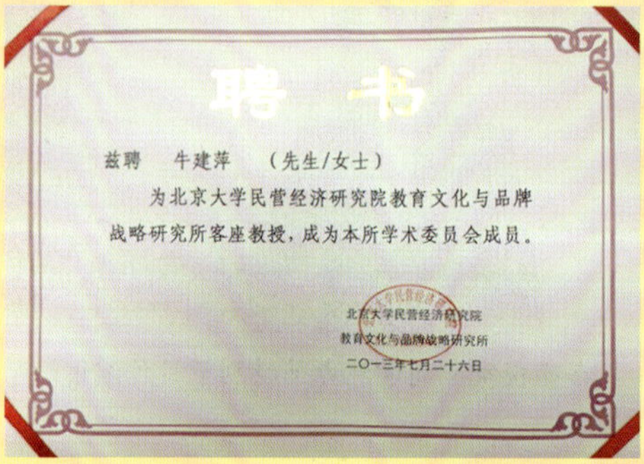

2013 年被聘为北京大学民营经济研究院客座教授

2005 年荣获 IARFC 国际理财规划师证书

2009 年荣获“中国理财策划金牌专家”称号

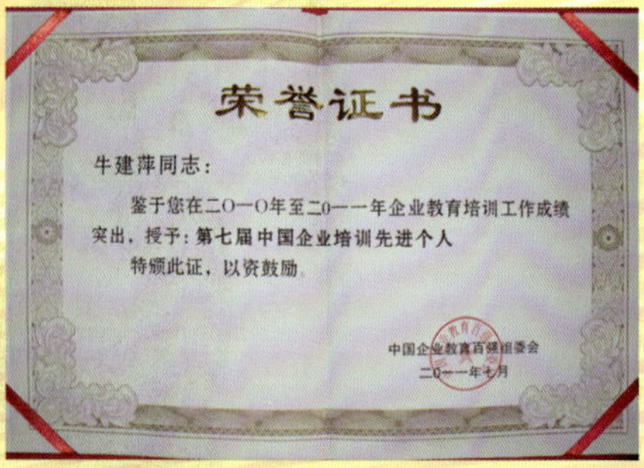

2011 年荣获“中国企业培训先进个人”称号

财商有道

我的财富如何增值

牛建萍◎著

中国财政经济出版社

图书在版编目（CIP）数据

财商有道 ：我的财富如何增值 / 牛建萍著. —北京：中国财政经济出版社，2013.9
（中国100强名师名作）
ISBN 978-7-5095-4822-6

Ⅰ.①财… Ⅱ. ①牛… Ⅲ.①私人投资-基本知识 Ⅳ.①F830.59

中国版本图书馆CIP数据核字（2013）第222480号

责任编辑：马 真　　　责任印制：刘春年
责任校对：胡永立　　　装帧设计：盛世纳唐

中国财政经济出版社出版
URL：http//www.cfeph.cn
E-mail：cfeph@cfeph.cn

社址：北京市海淀区阜成路甲28号　邮政编码：100142
营销中心电话：010-88190406　北京财经书店电话：010-64033436
北京顶佳世纪印刷有限公司印刷　各地新华书店经销
787×1092毫米　16开　16.5印张　188 000字
2013年10月第1版　2013年10月北京第1次印刷
定价：32.00元
ISBN 978－7－5095－4822－6／F·3904
（图书出现印装问题，本社负责调换）
本社质量投诉电话：010-88190744
反盗版举报热线：88190492　88190446

中国100强 CHINA 名师名作

编委会

主办单位　北京联大文化发展有限公司　　www.1dwhbook.cn

序

给自己的财富增值

看到这本书稿，我实在是非常欣慰，它终于问世了。作为一个财商教育工作者，同时也是一个出版人，我一直非常希望出版牛老师的这本书，今天北京联大文化发展有限公司非常有眼光地推出这本书，实在是为中国的财商教育作出了贡献。我首先祝贺出版方，欣赏他们的远见卓识。同时祝贺牛老师，她终于把自己对财商的独特见解贡献给社会大众，让大家共同来理解财富、金钱以及人生的关系。按照我的理解，正确理解这三者的关系，也许就是财商教育的真谛吧。

多少年来，人们对财富就有一种难以言状的感情。我的理解是所谓穷人，其实就是不了解或者不是真正了解财商本质的人。当一个人真正理解了什么是财商，应该不会陷入困苦的境地。当然是否能够发财则是另一回事了。发财需要许多条件，理解财商，应用财商只是条件之一。牛老师作为教育部“十二五”课题财商分课题组长，我们相识已经有好几年，我非常敬佩她。作为出版专业人士，我就大胆写一个图书的内容介绍，也算是为牛老师的新书作个简要的说明，当然这个介绍主要是从我个人的理解入手，或者是从某一个角度入手。因为牛老师的书有太多的角度可以深入，而我只是从我此刻和今天的角度入手。

首先，本书开宗明义地讲解了什么是财商。关于财商的定义，可以说有很多的说法，我曾在“富爸爸”项目组、北京财商教育中心、北大财商课题组等都作过研究，关于财商定义，据我统计有上百个，但最共同的是：

认识财富与金钱的能力和智慧，掌控财富和金钱的能力和智慧

牛老师在书中主要从财商的创新理论以及她作为国际理财师的角度讲解了财商（FQ）的定义，也可以说是一家之谈，为中国的财商定义添砖加瓦了。因为只有当你知道财富是什么，你才可能获得财富，只有知道金钱是什么，你才可能获得金钱，否则金钱都是流水，你永远都留不住。

理解了财商之后，牛老师教给你的绝招是如何使自己的财务安全，这是她作为一名国内资深理财专家的本行，其实在整本书中，她都在体现这点——如何获得财务安全和财务自由。如何打造自己的财务的“诺亚方舟”，这种技术是我们这个时代每个人都需要的，都梦寐欲求的。她非常强调不能把“一夜暴富”作为我们理财的原则，这点在我们常规理财中非常重要，这让我想起财商的关键词：

现金流

只有现金流才是财务安全和财务自由的根本。一夜暴富不能让你财务自由，只有现金流才能让你财务自由。一个人的财商直接与他对现金流的理解成正比。

今天的年轻人太多陷入房奴、车奴和卡奴的境地，如何让年轻人逃离当“奴隶”的陷阱，是财商教育义不容辞的任务，牛老师从她多年教育的角度，给出了自己的答案。我们试想一下，当房、车和卡你都拥有的时候，它们是谁的资产呢？它们是借钱给你买它们的人的资产，所以，你一旦拥有它们，你就会让自己的现金流进这些借钱给你的人的口袋。

理财教育是与数字联系在一起的，牛老师强调的是数字化理财，理财必须与数学、数字、计算结合在一起。必须有数目作为目标，这点是我们大家都忽略的。没有数字化的理财目标就等于毫无目标。理财必须与投资工具相关，所以，要理财就要理解风险承受的道理。你的资产、负债、资金流都是需要你综合可虑的。牛老师强调金钱增值就必须恪守五条投资法则，理财可以分四步走。这些都是她多年教学的精华，也是她的课程中最吸引人的地方。

说到理财与子女教育的关系，牛老师谈到了最关键的几点：子女教育经费的估测、积累时间的问题，培养孩子的三大财富能力才是孩子最有价值的资产。关于对孩子的财商教育也许不是这本书探讨最多的问题，但是我们必须要对孩子进行财商教育。

今天，我们最关心自己是否能够安全退休，中国退休金可靠吗？财商的理论通常强调不靠退休金退休而是靠资产产生的现金流退休。这点与现实世界的退休制度有很大的不同。但在本书中牛老师却告诉你在现实世界中你如何安全退休，她有自己的高见，给你的指导也是切实可行的。让你过上完美的退休生活就是她的最终目标。

在本书中，她精心准备了“中国富爸爸理财专家十条理财经典人生格言”，这是适合中国特色的增值财富技术。要增值必须投资，那么，投资离不开的六大要素是什么呢？牛老师给你一个明确的答案。她对投资产品的一一解读，对投资产品种类的细节分析，都会让读者受益匪浅。活期储蓄、银行卡、基金、债券、保险、黄金、外汇、银行理财产品、艺术品投资、钱币的收藏、邮票的收藏、网上购物……总之，她对理财产品的分析，让我们多数不理解理财产品的人开始懂得了理财的基本原理。

关于家庭资产配置，也是牛老师的强项。她会告诉你中等收入家庭投资的五张金牌，资产配置的过程中如何控制风险，其目的是达到善用资产配置并稳定赚钱。牛老师善于用理财规划案例来说明她的理论，这些案例非常具体，让你的理财有“线路图”可循。

今天是一个变化的时代，财富的增值、保值和贬值非常快的时代，拿狄更斯的话说，“这是一个最好的时代，也是一个最坏的时代。”牛老师的这本书可以说是一场及时雨。这本书是继《富爸爸点石成金》出版后的一本非常好的财商书籍。它是金融专业人士的工具书，是大众追求生活质量的家庭枕边书，是企业家传承资产、合理避税的方略书。

作为牛老师财商教育的同仁，我真心地希望读者购买本书并从阅读学习中受益。再次祝贺牛老师，希望见到她更多的新书出版。

“富爸爸”系列图书、《谁动了我的奶酪》主要策划人

著名财经图书出版人　财商教育研究专家

朱鹰

目录

第七章

投资是理财必备的步骤

第八章

理财规划案例

第一章

财商：想要致富，必先“智”富

什么是FQ财商？富爸爸有一句话说，财商不是看你挣多少钱，而是测算你能留下多少钱，同时让钱为你工作多久的指标。从另一个含义具体地讲，就是为了实现人生目标，运用有限的资源满足我们无限的需求。把我们有限的资产投入到我们现有的资产配置当中，达到财务安全自由，生活平衡，幸福一生。

了解财商

很多人对IQ（智商）、EQ（情商）的观念并不陌生，但是对FQ(财商)好像不太熟悉。其实我们早已身在其中，只是我们没有意识到而已，就好像我们看不到空气，但空气却在时刻维系着我们的生命。财商和情商、智商都是我们头脑中的观念和理念，只是具有正确与否和高低不同的差别。

IQ（智商）高的人，学习能力强；EQ(情商)高的人，对情绪控制得好。但是世界上最聪明、性格最好的人，等同于FQ(财商)最高，最有钱的人吗？答案当然是否定的。

财商一词的英文是Financial Quotient，最早由美国作家兼企业家罗伯特·T.清崎在《富爸爸穷爸爸》一书中提出。Financial一词，在英文中译作“金融”，清崎的本意是“金融智商”，英文缩写为FQ。我们把它延伸到具体生活中来讲，就是理财的智慧，也就是知悉金钱价值和驾驭金钱的能力。与IQ（智商）、EQ（情商）天生注定不同，FQ（财商）可以通过后天的专门训练和学习逐渐增加。

提高财商，充实“智”富最实际的做法是大量阅读有权威价值的财经信息。提供这些信息的媒介，包括报纸、电视、广播、网络、财经书籍、投资分析报告等等。然而，对忙碌的现代人来说，大量阅读并不容易，而且看得太多，听到的太多，知道的太多，没有重点，没有经过深思熟虑，没有专业与系统化的建议，反而会多花时间走冤枉路。因此，根据自身的需求选择适合的信息来阅读，才是增加财商的明智之举。

在现代社会，人们对金钱的态度、获取和管理金钱的能力，对于人们生活的富足和幸福的影响越来越大。从某种意义上来说，财商对于人们幸福生活的重要性已经超过了智商和情商。但是，现代人的财商能力到底如何呢？

每个人都想成为富人，尤其是一些年轻人早已把“致富”当成了自己的人生目标。但是，如何才能致富，却是困扰了很多人一生的问题。有些人想快速致富，拔苗助长，投资产品就想一夜翻10倍。可是这样的情形毕竟是少数。即使天上掉下了这样的“大馅饼”，没有一定的财商能力，恐怕也很难留住财富。

我们来看看社会上买彩票中了几百万或上千万的人，他们的钱是如何支配的呢？首先请亲戚朋友大吃大喝，然后就开始挥霍，如买名车、买别墅、买奢侈品，然后到国内或国外旅游，几个月或一年内就把钱花光，还有的人欠债累累，无家可归。这是典型的财商非常低的表现。买彩票也是赌博的行为，世上大多数人，对于赌博赢来的钱是完全不会合理使用的。因为他们的思维里根本没有正确的理财观念，缺乏理财的智慧，所以他们永远不会富有，即使拥有大笔财富在他们手中也只能是昙花一现。

世界上的知名富翁，如比尔·盖茨、李嘉诚和金融大鳄巴菲特、索罗斯等人物，无一不是从一无所有做起，从开始的目标规划做起，离不开勤俭、艰苦奋斗的过程。我们就以占据世界首富位置多年的比尔·盖茨为例来看看他的财商如何缔造了他的财富帝国和幸福人生。

像比尔·盖茨那么有钱的人是怎么花钱呢？曾经有人做过计算，他的钱可以买31.57架航天飞机，或者344架波音747，拍摄268部《泰坦尼克号》，买15.6万部劳斯莱斯产的本特利大陆型豪华轿车。这些东西几乎是每一个渴望财富者的梦想。但事实上，比尔·盖茨并没有这样花钱，他和妻子的生活一直很简朴。他曾经说过："我要把我所赚到的每一笔钱都花得很有价值，不会浪费一分钱。"

有一次，比尔·盖茨和他的一个朋友开车去希尔顿饭店开会。因为他们去迟了，普通车位都已经被占满，他的朋友便建议把车停在饭店的贵宾车位。盖茨听后摇摇头说："哦，这就要花12美元，可不是个好价钱。"盖茨的朋友没想到世界首富居然还在乎12美元，他有些无奈地说："我来付。"但盖茨依然不同意，他认为贵宾车位是在超值收费。在盖茨的坚持之下，他们最终没有把车停在贵宾车位上。

和他在生活中如此算计不同的是，盖茨把他大量的个人财富捐献给了慈善事业。据统计，盖茨为世界各地的慈善事业已经捐出了近290亿美元的财富，成为世界上最慷慨的富人。他甚至公开表示，名下的巨额财富对他个人而言，不仅是巨大的权利，也是巨大的义务，他准备把这些财富全部捐献给社会，而不会作为遗产留给自己的儿女。

把巨额财富留给社会，而不是留给自己的儿女，正是比尔·盖茨的高明之处。作为一个天才的商人，他不仅自己拥有强大的财商能力，还深深懂得一个人只有拥有理财的智慧，才能做到事业有成，生活幸福。而对于尚未经历过人生磨难的孩子来说，如果拥有大量财富，只会使他们失去形成和提高财商的机会。

或许有人会说，我们既不是创业家也不是企业主，是挣工资维持生活的，我们也没有机会拥有那么多的财富。是不是这样就不需要提高财商了呢？

我们就从工薪家庭说起。他们每月的工资基本上是稳定的收入，那么，他们花钱有计划吗？他们从不为商品的打折、促销所心动去购物吗？答案是否定的。看看商品的打折广告就选择在市场购物的多数是工薪族，有些人冲动地买了衣服后就穿过一两次，甚至从来没有穿过。为什么？因为没有正确的理财习惯，所以社会上出现“负翁”、“月光族”的现象也就不足为奇了。

一个好习惯不是短时期养成的，一个旧的观念也许经过一代或两代人才能改变过来。清朝时期，男人梳着大辫子，女人裹着小脚不许出门，单单这种现象就在中国维系了三百多年。因为在当时的封建制度下，女人不裹脚就不能嫁人，就要被家中殴打或受排斥。人们被奴役，久而久之，几百年下来人们已经习惯成自然了。

当今已经进入21世纪，科技高度发达，人们追求高水准的物质生活，而由于一些思维并没有转变，一些不正确的理念和错误观念在人们头脑中仍存在。如：当今为数不少的大学生，毕业后的目标是想找个高收入的工作，计划找个好对象组建家庭，过急买房买车。

有些学生认为父母理应供我念书，开学时父母给的钱花完后，就应该向父母索要。一些大学生的花钱方式（生日聚餐、节日祝贺、手机无限制地拨打等）更是令人惊叹。他们根本没有养成每月固定节省钱的思维模式。就是这种不正确的思维理念，形成了有些大学生错误的日常消费行为。

然而，持以上这种想法的人，被现实的社会和环境冲击，一旦现实满足不了自己的愿望时，便会自暴自弃，甚至出现个别大学生跳楼自杀的现象，这不能不说是个悲剧。从以上看出，财商教育应从小抓起，这是当务之急。

为什么要提高财商？

俗话说，吃不穷，喝不穷，算计不到就受穷。一个人的赚钱能力远远没有财商对生活质量的影响大。一个人的财商就是指他对钱财的分配和使用的智慧。我们的人生要想得到稳固的财务保障，就必须不断地学习、提高自己的财商。

或许你觉得自己现在收入稳定，吃喝不愁，不需要煞费苦心地去理财，否则不但伤脑筋，还要抠抠唆唆地生活。但是，你有没有想过再过5年、10年、20年之后，没有攒下一分钱的自己还会像现在这样过得滋润吗？那个时候，你要生养孩子，要供孩子读书，要应付医疗开支，要考虑退休后拿什么养老……这一切都必须以金钱作为基础。

1. 不懂FQ财商造成望女成才难保证

孩子是家庭的希望。每一对父母都期望自己的孩子能够有最好的学业，在北京、上海及南方一线城市受到最好的教育。就目前的消费水平来看，一个孩子从小学到大学毕业到出国留学，大约需要100多万元。如何能够积累这么多钱？靠一夜暴富吗？不可能。

我和大家讲一个案例，这是一个真实的故事。

有位孩子母亲和我是邻居，她的孩子上高中，她看到周围朋友的孩子都出国了，她也想把孩子送出国，但是由于手头没有多少钱，她便到处打听赚快钱的渠道。

一天她听朋友介绍说拍卖画赚钱，她就找到拍卖行，老板和她说：“现在拍卖非常热，我现在有一张画值9万元，一年以后能赚三倍。”她一听觉得太好了，于是把家里的积蓄4万元全部拿出，又去亲友那里借了5万元，东拼西凑了9万元，把画买回了家。

画买回家以后她就日日想，夜夜盼。终于盼到一年，她就去找拍卖行老板要钱，拍卖行老板说：“你的画现在三倍的价格没人买。”结果我这个邻居不干了，就和拍卖行老板争执起来。老板说：“现在这个行业形势我也没法估计，你要实在用钱我就把本钱还给你。”她一听，血压升高，心脏病犯了。

像这位母亲这样想依靠这种投资形式给孩子积累教育基金，无疑属于赌博行为。盲目投资的结果不但令孩子出国留学的梦想破灭了，还给自己带来了巨大的心理压力，使生活品质明显下降。

2. 不懂FQ财商，长寿难保晚年幸福

我们回想一下10年前从国企退休的老人，退休工资每个月只有700元，到现在，这点钱够养老吗？靠谁呢？靠子女？子女现在还不能独善其身。靠国家？国家已经把钱打到你的工资卡里面了。靠单位？单位自从你退休以后就与你没有关系了。靠朋友？俗话说，救急不救穷。所以只有靠自己。

怎么靠自己？就必须通过提高自己的财商，为晚年幸福生活积累财富。理财专家认为：一个人一生能积累多少的财富，取决于你的财商高低。有报道称：美国家庭的工薪收入和投资理财收入各占50%。可见，投资理财已经成为美国家庭收入来源的主要渠道之一。而在中国，大部分家庭积累财富的形式依然是努力工作赚钱，却不懂得如何合理配置家庭财富，让“钱生钱”。

我们再思考一下，为什么国际上的富豪都集中在美国、英国及其他的发达国家？除了这些国家有着长久的发展史，还有一个重要的原因，就是这些国家将“财商教育”列为学生教育中必不可少的课程之一。

他们的教育有三大类：传统教育、专业教育和财商教育。所有学生只有完成这三种教育，才可以走向社会。而我们当今的成年人非但没有经过财商教育，就连最基本的财务知识都了解的甚少，“财务收支表”“资产负债表”看不懂；至于房产规划、孩子教育规划更不知道如何去完成。除了专业人员外，这些知识对他们来说，是可有可无。即使是现在有些年轻人为了买房子而节衣缩食，但也是没有按照正确的理财方式去解决家庭中的财务问题。

在当今社会，一个年轻人走向社会后要面临买房子、生孩子以及养老等诸多问题。如果没有一个完整的财务规划来支撑，来引导这个家庭的财务方向，就会在人生的路上走弯路，走错路，资金就会受到损失，家庭财务可能就会出现“拆了东墙补西墙”的状况。家庭经济支柱就要充当家庭“消防员”，时时刻刻去救火。由此导致许多人工作压力大、负担重，生活没有乐趣、苦不堪言，何谈幸福人生。

由此可见，理财在我们的一生中起到了举足轻重的作用。我们生活中的每一个领域甚至进行每一个活动都需要资金的支持。所以，我们要想在一生的任何阶段都轻松、愉悦地面对，就必须及早认识到理财的重要性，并有意识地培养自己的财商，尽早开始合理支配自己手中的金钱资源，为未来做好准备。

具备财商能力，就是拥有“正确的财富观”，这犹如握住一张通往幸福美满人生的车票，在理财的道路上不迷失方向，最终使我们的财务安全自由，生活无忧。

关于理财，你了解多少？

现在市场中有很多管理课程：战略管理、宏观管理、微观管理、品牌管理、市场管理等等，可是唯独理财管理的课程凤毛麟角，难道中国百姓都会理财，不需要再学习吗？其实事实并非如此。相反，目前中国的大多数人都不懂理财，缺乏一定财商，而一些培训机构也因为缺少专业培训师而难以推广财商的课程。

因此，中国的百姓受着市场混杂不清的投资指导，受着一些机构的引导宣传，把自己的资金今年投到股票，明年投到房地产。几年下来，辛辛苦苦赚的钱，没增值反倒被市场掌控，到头来资金损失严重，再加上通货膨胀，老本甚至赔了一半或更多。本想积累孩子的学费和养老金，可是这样一折腾，孩子上学和养老生活品质也要降低水准了。社会上类似这样的现象数不胜数。

追根究底，就是因为人们在固守急功近利的模式来投资，期望一夜暴富的观念在做怪。如果不尽快转换思维模式，势必让我们的生活质量大打折扣。同时，市场一旦出现金融危机，可能会导致我们生存的危险。

2001 年，美国安然公司破产，致使数万名员工生活品质一落千丈。原来公司的在职员工的退休金每月上交后由公司掌握，公司破产后，原来员工的退休金全部被封存，并抵交各种债务，致使员工到了退休年限也不能享有退休金。大部分员工只能靠国家最低的救济金勉强生存，过去那种无忧无虑的生活不复存在。

美国安然公司资产非常雄厚，他们的员工生活都没有安全感，何况我们生活在发展中国家，甚至在一些朝不保夕的私营企业上班，更需要有危机感。

中国是从工业时代过渡到信息时代，是由计划经济走到了市场经济，是由过去市场短缺性进入了市场极大繁荣饱和局面。因此，过去的传统思维模式已不适应当今信息时代需要，不适应市场经济的发展。然而，改变一种旧有的思维模式，不是靠一句话一堂课就能完全改变，而是要从思想上转变，从源头上改变。

1. 财务知识至关重要

不能再把理财看成是“事不关己，高高挂起”，应该多了解、学习一些财务知识。要从根本上提高财商，就必须了解资产、负债、现金流的财务知识，而不单单了解股票、债券、基金等投资产品。这不仅是已经踏入社会、正在工作的职场人士的需要，对于尚未踏入社会的大学生来说同样重要。大学生经济虽未独立，但是同样在这个信息时代生存，同样有财务收支的行为，不管是父母提供还是亲友馈赠，都要了解资产和负债的关系，利润和现金流的含义。这样走向社会后，他们才会正确地掌控金钱，珍惜金钱，创造财富，平衡财务收支。

2007年，我给东北大学讲课时，一个大学生来自农村，他能上大学完全依靠父母在外打工的收入和亲友的资助，于是非常珍惜自己在大学学习的机会。大一时，他是靠父母资助上学，到了大二就开始打工。他利用假期销售电话卡、学生用品，以及到一家小公司做小时工打字赚钱。他把赚来的钱分别储存到银行卡中，学会了定期存款、定投基金，让自己的钱不缩水。这段经历让他学会了简单的理财方法，每月必须定额存入资金。走向工作岗位后，他仍然保持良好的理财习惯，每月都有盈余，还学会了理财规划，结婚成家后，生活很平稳，小两口生活其乐融融。

财富是一切物质的经济基础，财富多少，也代表了我们的生活品质，积累财富不仅靠努力工作，开源节流，投资多元化产品，而且还要了解自己资产与负债关系，了解市场经济的发展，对个人财富增减的影响因素。这些都需要我们具备一定的财务知识。

2. 如何正确地掌控家庭财务的杠杆

“万事预则立，不预则废”，这句古训放在理财上同样适用。这种“预”不单单是做一个年度预算那么简单，而是要预测全球经济一体化、物价上涨、通胀率给我们个人的财务将会造成多大的影响，而我们现在要做哪些准备。

有人认为理财就是抠门，也有人认为理财就是投资，其实这些都是比较片面的理解。其实，所谓理财，就是指将资金作出最明智的安排和运用，使金钱产生最高的效率和效用。

无论是企业主、职场精英，还是在读学生，单靠过去的思维模式积累财富，已经不适应市场需求，必须充实财务方面的知识，提高自己的财商，对家庭、个人财务做一个风险的评估和测试，合理配置资金，具备抵御风险的能力，才能避免出现财务危机。

大多数人在理财前对自己个人或家庭的财务目标都不够清晰。他们的理财方式多数都是按照金融机构的宣传去做，盲目地将钱投入到一些投资产品中，如股票、基金、银行储蓄等。而当这些产品受资本市场大环境影响出现贬值时，他们的投资也会随之缩水，待需要用钱时取出的钱自然少了许多。

究其原因，一是对自己的人生目标不清；二是对自己的投资风险承受能力不清；三是对自己投资产品的功能和性质不清。因此，投资的钱就会越理越少，甚至今后都不敢轻易去理财了。

事实上，理财不是一两天的事情，而是一辈子的事情。理财也不是一代人的事情，而是三代人的事情。我们国家的长辈都很喜欢自己节衣缩食，然后存一大笔钱留给子女后代。这的确是美德，但是就当今时代来讲，这却间接地助长了年轻人的依赖思想和下一代贪图享受的生活习气。从财商的角度来说，如果今天我们不把自己的生活规划好，一味地从照顾子女出发，明天很可能要为今天的过度辛劳或节俭买单，这是得不偿失的行为。

因此，想投资赚钱的人，想让自己资金升值的人，想留给子女一大笔财产的人，想让自己的晚年生活过得有尊严的人，务必要从改变观念开始。

实现财务安全自由的基础是什么

很多人都有这样的梦想：不必再为了获得收入而依赖于一份工作，不用再搭乘长途公交车往返上下班，想做什么就做什么，拥有自己人生的选择权。这就是财务自由。从专业角度来说，财务安全自由就是拥有资产性收入，也就是手里的钱能自己生钱，哪怕不靠日常工作赚得的那些收入（国际上称为被动收入），也能实现家人衣食无忧，满足孩子的教育支出以及安享晚年的目标。

我们经常听到这样的言论，“我赚到了200万元、400万元我就不干了，就解甲归田，到世界各地旅游。”听起来，这个人目标清晰，财务达到自由了。然而，真的是这样吗？

拳王迈克·泰森从20岁成为世界冠军以来，赚到的金钱至今没有人能够计算清楚到底有多少。有人粗略估算，至少是3亿美元。按理说，这些钱足够让泰森一生衣食无忧，做任何自己想做的事。

但是，由于泰森没有一定的财商能力，不懂得如何支配自己用血汗换来的财富，一边挥霍无度，一边毫不理财。于是，20年职业生涯赚下的巨额财富，转眼间就灰飞烟灭。最后，他不得不申请破产。

可见，一个人能赚多少钱，拥有多少钱和他是否能够实现财务安全自由并没有太大的关系，关键在于他具有强大的财商能力，能够让手中的钱生钱！且不说我们是否像泰森那样能赚钱，就算真的赚到了理想中的200万元、400万元就能使我们实现财务安全自由了吗？

其实不然，因为你退休后的所需要与你的年龄及生存年限联系起来，而你的寿命要与家庭长寿史联系起来计算，你就会发现你赚的钱还远远不够。比如说，你的家族中老人大多都能生存到 90 岁，那么你在 40 岁时赚到 200 万元，将远远不够你退休后的生活所需。

你手中的钱的价值不是静止不变的，它会随着时间的推移而逐渐缩水。也就是说，你每年的财富增长率不能超过通货膨胀的话，你的钱就会流失，会变得越来越少。根据以往的经验，现在的 1 万元钱，10 年后就相当于 5395 元，20 年后就相当于 3000 多元，整个缩水了 2/3。

你的家族长寿史决定，如果你 40 岁退休，那么你大概还有 50 年的生存期，而现在手中的 200 万元，10 年后仅相当于 100 万元，20 年后仅相当于 70 万元，30 年后仅相当于 50 万元，40 年后仅相当于 30 万元，那么 50 年后呢？以此类推，200 万元就仅有 15 万元的购买力了，够用吗？

你手中的 200 万元，不一定仅仅放在银行里，也许会投资，也许会购买股票、房产等。从经济规律来看，没有哪个人投资是只赚不赔的，一旦资金出现了风险，你的家庭或个人财务就可能出现危机。

要想在合适的年龄段退休，还要看你现在的生活水准，如果现在你每月生活费 5000 元，一年下来 6 万元，10 年 60 万元。但要考虑到通货膨胀率和收益率，10 年后每月 5000 元生活费，大约要准备 9869 元才能达到今天的生活水准。

所以说，现代人不能轻易说赚到多少钱就够用了。你想要在哪个年龄段退休，不能靠自己想象，而是要用数字来计算，你才能做到高枕无忧。同时，在你决定退休年龄时，这笔退休资金存放到哪个渠道更安全呢？这是我们要考虑的重要因素。

这个渠道不一定是房地产和股票投资，你仅仅看到前几年房价在涨，可是你没想到现在房价、股市跌跌不休。你能想象5年后还涨吗？10年后还涨吗？这个想象是缺少经济规律的，没有永远上涨不跌的房产和股票，所以积累退休生活资金，首先要看看你的风险承受力，然后找一个稳健的渠道增值，即：风险相对小一些，安全性高，到期后能够拿出来保值增值。

说到这里，就又出现了一个新问题，如何才能找到一个稳健的投资渠道呢？当今信息时代，商业广告每天充斥着自己的眼球、耳朵、脑子，哪些是可以为我们所用的呢？所以说，我们每个人应该有一个明确的方向和人生定位，加强财务知识的学习，了解理财对我们生活的重要性，这对实现我们的人生目标将起到决定作用。因为，极少有人愿意为了生存而工作一辈子，到七八十岁还在社会上劳心地工作。

我们甚至可以说，不断充实财经知识，是实现财务安全自由的基础。也就是说，你要了解你的每月收入、支出，现金流向，月结余多少，资产是多少，负债是多少，多少年还清负债，你的职业稳定与否，收入是否逐年上升，这些数据与实现我们的人生目标有着密不可分的关系。只有对这些有了充分的了解，我们才能及时预测并规避可能出现的财务危机，才能保障生活稳定幸福。

举例来说，你购买房子贷款30万元，还款期为25年，那么在这25年中，就需要收入稳定，不能中断，也不能减少。一旦收入链断开，轻则你的生活质量下降，重则你所住房子就会被银行收回，导致你无家可归。如何才能确保收入稳定呢？除了认真踏实工作之外，更重要的就是充实自己的财务管理知识，提高财商，做好理财规划。

从某种意义上来说，财务管理知识是个人和家庭财务稳定的定海神针，是预防家庭出现财务危机的晴雨表。如果你不了解自己和家庭的财务状况，不懂理财知识，势必容易出现盲目投资，盲目购买物品的现象，使你的钱白白损失，而你全然不知。如此一来，生活中一旦出现危机，就很容易给你带来经济上的困扰，更别提实现财务安全自由了。

可见，要想实现财务安全自由并不一定需要拥有很多很多的钱，而是要改变自己的思维观念，不断充实财经知识，掌握提高财商能力，让金钱为你工作！

打造自己的财务方舟

巴菲特曾说：通往财富天堂的路有好多条。关键在于，要找到一条最适合自己的路，让我们过上财富自由生活。

这条“最适合自己的路”，对于理财来说，就是打造自己的财务方舟。财务方舟一词最早出现于《穷爸爸，富爸爸》系列书中，源于《圣经》中诺亚方舟的故事。意思是说，在世界范围的经济浪潮中，我们随时都会面临经济上的大灾难，只有提前打造好自己的财务方舟，才能在危机来临的时候安然渡过。

在书中，富爸爸这样告诫我们：“我们应该面对真实世界，什么是真实世界？真实世界就是我们每个人都生存在经济压力之中，社会福利和一些国家优惠政策并不能真正拯救人们。每个人都能成为成功的投资者，但必须首先经过一些有效的财商教育……”。

我们都希望尽快为自己和家人的未来创造财务无忧、财富自由的生活，可问题在于，如何打造一支属于自己的财务方舟？如果你向下列人士提出这个问题，将会看到不同的真实世界。

1. 政府机构

目前的社会统筹保险规定，只要是国企、民企、自由职业者或业主等公民，企业和个人上缴社会统筹养老保险金的比例，分别是20%和8%。但是，就目前现行的“代际养老”的方式，是国际上独一无二的。即：年轻人上缴的养老保险金每月用于发放给现在已退休的老人。那么，在10年、20年后这些中青年能否领足个人的养老金，还是个难解的问题。

众所周知，国家社会保险统筹基金的数字已经亏空上千亿元，而且每年还在递增。随着国际金融危机的影响，造成许多外贸企业销路减少，资金链断裂，甚至一些申请破产的企业和员工上缴的社会保险金随之而中断。如此一来，国家社会统筹保险金无疑会受到很大的冲击和影响。

政府曾在网上调查退休年龄延长事宜，因为很多官员都说要想挽救社会保险，就要推迟退休年龄。其中一条草案是这样的：从现在起，每两年增加一岁退休年龄。目前的退休年龄是：男61岁，女56岁。如果按照这条草案执行的话，到10年后基本形成男65岁退休，女60岁退休的法定政策。这种政策的形成无疑会影响一代人的既得利益。

就目前来看，大众在过去没有接受过财商教育的前提下，社会相关机构引导人们接受既得利益将会影响这个事实。而且如果这条草案获得通过，成为法案，那就意味着在2016年之前，我们的社会保险基金会出现更大的赤字，因为可以支付给退休老人的资金更少了。如此一来，这个问题就又一次被转嫁给了后人。

2. 教师

教师可能会建议你继续留在高校，尽可能获得更高的学位。事实上，最好能拿上好几个学位，然后寻找一份安稳可靠、福利优厚的工作。我们的高等教育机构，现在就挤满了由于就业形势严峻，不得不留守校园的人。仅仅几年之前，在互联网经济的热潮中，很多学生提前离开了学校。现在，全球经济形势衰退，他们中的很多人又重返校园，或者继续寻找别的工作。

3. 专业人士

很多人建议你去上学，学一门专业技能，比如学习如何成为医生、律师、管道工、会计师、电工或厨师。持这种观点的人通常会说："一定要掌握一门可以终生依靠的手艺，否则你就得四处求人。"也就是说，在这个工作非常不稳定的时代，一定要确保自己能够独立工作。这个群体包括数百万的小企业主，也就是我们常说的夫妻店店主。

4. 辛劳终生的人

他们认为自己应该一直工作，直到不能工作的那一天。他们常说："我从来没打算过退休"。

5. 淘金者与"嫁"给富人的人

他们会劝你去找一个富人，想尽办法与之结婚。

6. 乐天无忧派

他们会说：“有什么好担忧的？今朝有酒今朝醉，管他老了在哪睡。”

7. 银行家

银行家总是劝你储蓄、储蓄、再储蓄。等你户头上的钱达到一定数额之后，他们就会打电话给你，向你讲述他们还销售共同基金、股票、保险、年金以及其他理财产品。

无论以上不同角色的人告诉你的生存压力还是想为你指一条明路，或许有些会对你有利，但似乎都不太靠谱，都不能保证我们安枕无忧地生活到老年。按照富爸爸的说法，我们应该打造好自己的财务方舟，投资能带来现金流的资产。这些资产包括保险、股票、基金、债券、企业实体、房地产等金融资产等等。简单地说，就是让这些钱帮你赚钱！

用“钱赚钱”比“人赚钱”更有保障的关键在于能够产生“复利”，也就是“利上加利”，计算公式是：本利和 = 本金 ×（1+ 利率）n，(n：期数)。爱因斯坦曾把“复利”称为“比原子弹还要具有威力的工具”。

举个例子：你有 2 万元的本金，按年收益率 20% 计算，第一年年底你将得到 2.4 万元。把这 2.4 万元继续按 20% 的利益率投放，第二年年底你将得到 2.88 万元。而第三年底就是 3.456 万元，第四年底就是 4.1472 万元……第十年底就是 12.3834728448 万元。

可见，复利的效果相当惊人！但是，要想利用复利效应来打造自己的财务方舟，就必须从储蓄开始，任何投资都必须建立在你拥有一定的资本的基础之上。否则，再好的收益你没有钱去投资也是没用的。

所以，打造个人财务方舟的第一步便是定期储蓄，养成一种良好的生活习惯，积累个人在投资理财中的第一桶金。当然，储蓄是一项需要决心和毅力的事业，同时，它需要你对自己的生活方式做出一定的调整以适应每个月固定存下一笔钱。

简朴生活，养成储蓄的好习惯正是增加财商的第一堂课！

第二章

财商高的人和你想的不一样

大约从2004年起，国内的报刊上、网络上就开始隐隐约约地出现了“理财”这个字眼。接下来的几年中，理财成为我们日常生活中经常被谈及的话题。公司茶水间的闲聊，地铁公交车上的对话，亲朋好友间的寒暄，报刊头版的标题，电视广告，手机短信，邮箱中的DM……不管我们愿不愿意接受，“理财”已经以各种形式进入了我们的生活。

钱少就不需要理财了吗？

很多人在谈到理财的时候，经常说：“你看看我们现在收入这么有限，开销又那么多，哪有钱来理什么财啊？”言下之意就是没钱就不需要理财。尤其是一些刚刚踏入职场的社会新人，无论是积蓄比较少还是突然有了一笔钱，都觉得没有理财的必要。在这些人看来，理财是有钱的人事，是高学历人的事，是成年人的事，反正和自己无关。

其实，理财关系到每一个人。理财的关键不在于有钱没钱，而在于有多强的理财意识。如果没有良好的理财意识和愿望，即使有很多钱也会因为不会花钱而让自己沦为一文不名的穷光蛋。从实际生活的角度来说，钱越少越需要理财，学会把有限的金钱合理支配好，让钱生钱，只有这样，才能摆脱财务上的困窘，踏上富人的行列。

很多年轻人抱着反正手中可支配的钱越来越少，不如“今朝有酒今朝醉”，快活一天是一天的想法，放纵自己过度消费而不愿理财。天上不会掉馅饼，也不会掉金子。要想由贫转富就必须依靠自己的努力！哪怕我们目前手上没有多余的资金，也要通过严格遵守节俭的原则，改变一下自己以往的消费模式，从一点一滴开始慢慢积累。

1. 先求稳再求好，没有钱更要理财

在生存都成问题的时候，就不要再妄想太高的投资回报率，而应该先求稳，为自己积累一笔“多余”的投资资金，然后再求好，让这笔钱为你赚钱。这时，我们要做的就是老生常谈的“开源节流”。而对于每天朝九晚五的上班族来说，要想靠“开源”来增加收入不是那么容易。所以，最稳妥的方法就是“节流”。这就好比开水龙头，无论你水流量多大，如果出水口更大，你还是无法积累水源。对于手中暂时没有那么多钱的穷人来说，理财的第一步便是量入为出，减少不必要的消费，掌握现金流量，增加储蓄。这也是很多当今的富豪在刚开始创业时，惯用的积累资本的方法。

汽车大王亨利·福特在一次宴会上，在掏口袋的时候，不小心带掉了一枚硬币，他急忙蹲下身子，在地毯上寻找。周围的人便问他在找什么，他坦然地告诉大家自己掉了一枚硬币。这个回答让所有人都感到非常惊讶，这样有钱的一个人居然会蹲在地上寻找一枚小小的硬币。正在大家议论纷纷的时候，亨利·福特站起来，举着手中的那枚硬币，面带微笑地说：“正是靠着这一枚一枚的积累，我才能拥有今日的财富。”

从一枚硬币开始积累，这就是很多富豪从贫转富的秘诀，也是他们的财商所在。或许我们没有他们出色的商业头脑，但我们可以学习他们对待金钱的态度，以及理财的智慧。

2. 节流：收入减存款等于支出

现代人的生活负担很重，对于每个月领固定工资的上班族来说，不要说满足那些奢侈的愿望了，甚至连最基本的生活所需都常常感到吃力。这时，要想存钱显然并不容易。但是，为了改变自己的生活状态，就必须有所行动，从“节流”开始做起，量入为出。具体来说，就是强迫储蓄。当你每个月领到工资时，先扣除一定的预计存款，这个数字可以是200元，也可以2000元，根据自己的实际收入来确定，而剩下的钱才是你这个月可以支出的。

如此一来，你就必须控制自己的支出项目，有助于不乱花钱。一般来说，每个月的固定支出，比如房租、教育、医疗等是必不可少的，很难削减。而像衣食费、水电煤气费、通讯费、交通费、人情费等支出虽然必要，但可以根据自己的规划有所削减，至于交际应酬等临时开销，能省则省。慢慢地，你会发现生活中有很多消费都是不需要的。

台塑集团的创始人王永庆曾说：“赚的一块钱不是自己的，积累到的一块钱才是自己的。”虽然他坐拥万贯家产，却依然保持着简朴的生活习惯。他在台塑集团顶楼开辟了一个菜园，在他母亲去世之前，他吃的都是自己种的菜。

在日常生活中，王永庆更是在每一个细节中节省。他坚持每天做健身毛巾操，一条毛巾用了27年依然不舍得换掉。平常用的肥皂剩下一小片没法用的时候，他就粘在整块肥皂上继续使用。

从王永庆这些生活细节中我们就可以明白他的财富帝国是如何建立的。“集腋成裘，积沙成塔”，虽然通过“节流”的方法每个月存下的钱并不多，但只要坚持下去，你的财富在不知不觉中就已经积累起来了。当存款达到一定数目之后，再通过投资、复利等用钱赚钱的方法将本钱做大。

在我指导过的人当中有一个叫小兰的“80后”年轻人，从高中开始就有储蓄的意识，把从小到大的压岁钱以及平常父母给的生活费等以定期存款的方式存进银行。到了大学以后，她依然保持这种习惯，严格控制自己的各项开支，然后把剩余的钱全部存入银行。这种良好的习惯一直延续到她工作之后。虽然她的收入不高，但每年都会制定一个储蓄计划，并尽力完成。

她来找我咨询的时候，手中已经有了一笔数目可观的资金，她觉得这种理财方式既可靠又安全。我就问她：“你觉得按照你这种方式到你退休的时候能存下多少钱？”

她想了想，有些迟疑地说：“大概100万元吧。”

我笑了一下，说：“你今年25岁，如果55岁退休，还有30年的时间。你觉得30年之后的100万元能抵现在的多少钱？”

她恍然大悟的样子，有些不好意思地笑了笑。然后我就建议她好好利用手中的这笔钱为自己赚钱。经过我的分析，她决定选择把钱投资在较为保守的国债、基金等。虽然这些投资方法收益率不是很高，但已经远远超过银行定期利率，对小兰来说也算是一笔不小的收获了。

所以，理财的关键不在于你能赚多少钱，手中有多少钱，而在于你的财商到底有多高，是否能够管好自己的钱，不让它们不知不觉地从指缝中漏出去。永远不要觉得理财只是有钱人的事，和你无关。只要你想要有钱，就应该努力提高自己的财商，从小钱开始积累。

鸡蛋到底要不要放在同一个篮子里

“不要把所有鸡蛋放在同一个篮子里”，这是投资理财者经常听到的一句告诫，最初是由欧美学者提出。当时，美国有很多人不惜卖房子购买股票，虽然赚了一些钱，但有一次一夜之间股市狂跌，市值只有原来的3%左右，导致很多人倾家荡产。之后，专家在总结投资经验的时候把“不要把所有鸡蛋放在同一个篮子里”作为股市格言，以警戒股民在投资的时候注意规避和降低风险。

随着投资行业越来越成熟，逐渐有人对这句投资格言提出了质疑，投资大师巴菲特就认为这个观点是错误的，他的观点是：“投资应该像马克·吐温建议的，把所有鸡蛋放在同一个篮子里，然后小心地看好它。”

到底两种说法哪一种正确呢？鸡蛋到底要不要放在同一个篮子里呢？其实，每一种理论都是经验的总结，都有其存在的道理。投资市场较好的时候，几乎每一种理论都是对的。但一旦市场不景气，无论多么厉害的投资大师都有可能被套牢。所以，我觉得我们与其探讨哪种理论更有效，不如了解一下这两种理论背后的经验与含义，以提高自己的财商，灵活投资。

首先，较为传统的“不要把所有鸡蛋放在同一个篮子里”理论旨在提醒大家树立规避风险的意识，尽量避免因单一市场崩盘而造成全盘皆输的局面。对于普通人来说，手中能够用来投资的闲散资金并不多，所以为了获取更大的收益，往往喜欢孤注一掷，把所有资金都集中起来进行投资。结果很容易因为对“篮子”的选择不够谨慎、成熟而导致血本无归。

在投资上，比尔·盖茨信奉的是“把所有鸡蛋放在同一个篮子里”。因为对微软公司的发展有绝对的信心，所以他选择把大部分财富投在微软公司的股票上。同时，早在1995年，网络股泡沫破裂开始之前，他就已经做了两手准备。他建立了一家投资公司，据说这家公司管理的投资组合总价值有100亿美元，其中很大一部分资金都投入了收益较为稳定的债券市场，比如说国库券。此外，比尔·盖茨还喜欢把钱投资在抵御市场风险能力较强的公用事业公司等。

另外，虽然比尔·盖茨个人更看好代表新经济的数字及生物技术产业，但他在投资的时候却并不排斥传统经济，而且非常看重收益稳定的重工业。他对纽波特纽斯造船公司以及加拿大国家铁路公司的投资都为他带来了很好的收益。

比尔·盖茨之所以能够成为世界首富，除了他赚钱能力超强之外，和他善于理财，精于投资不无关系。从比尔·盖茨的投资我们可以看出，他不仅通过分散投资来降低投资风险，而且尽量把钱投在收益率较为稳定的市场，以规避风险。

所以，我认为，无论是把所有鸡蛋放在同一个篮子里，还是把鸡蛋放在不同的篮子里，最终决定不让鸡蛋碎掉的是装鸡蛋的篮子是否结实。如果你选择的一只篮子，或者一批篮子本身已经快烂了，或者外表看起来很好，但质量却有问题，那么鸡蛋无论怎么放都很危险。

对于大部分刚刚开始理财的普通投资者来说，不仅没有较高的财商帮助他们选择前景较好的“篮子”，也没有那么多的资金用来投资多个市场。那么，这个时候最需要考虑的问题就不再是几个“篮子”，而是如何选择最结实的“篮子”，保住本钱。

巴菲特的投资名言中，最著名的无疑是："成功的秘诀有三条：第一，尽量避免风险，保住本金；第二，尽量避免风险，保住本金；第三，坚决牢记第一、第二条。"

1968年5月，正是美国股市一片红火的时候，几乎所有人都在做着"一夜暴富"的美梦。而巴菲特却依然保持着清醒，他认为当时市场上再也找不到有投资价值的股票了，他甚至因此卖出了手中几乎所有的股票，而且解散了公司。他的举措让很多人不解，甚至为他"胆小"而惋惜。然而，1969年6月，股市开始大跌，甚至渐渐演变成股灾。无数人一夜之间倾家荡产，血本无归。

巴菲特的成功就在于他的财商比一般人要高。许多投资者都抱着赚大钱的梦想，却不学习赚钱、理财的方法，在不清楚风险或自己没有足够风险控制能力的情况下贸然投资，或者被贪婪冲昏了头脑而失去了风险控制意识，最终使这些梦想成为黄粱一梦。无论你是把鸡蛋放在一个篮子里，还是不同的篮子里，在做投资之前，都应该像巴菲特那样把风险因素放在第一位，并在风险出现的时候以"保住本钱"为底线，不要过于贪婪，如此才能在投资中获得较好的收益。

韩国靠投资房地产获利几十亿韩元的池荣俊在总结投资经验时说："如果非要我在稳定性和回报率中选其一的话，那我当然会选择稳定性。没有赚到钱尚不至于把人逼上绝境，如果连投资的本钱都丢了，那就只有死路一条。"这就是财商高的人的投资智慧。

由此可见，投资成功的关键因素在于在投资前进行详细周密的调查和分析。即使你没有巴菲特和池荣俊那样高的财商，也应该拒绝道听途说的小道消息，或仅凭感觉进行投资，而应该努力学习投资知识，提高自己的财商，尽量选择较为稳妥的投资方法。

理财并不是投资

随着全球经济一体化，中国已进入世界经济循环圈的运转当中。网络的迅猛普及发展，使知识经济无国界、无疆域，我们所进行的任何财务活动和世界政治经济活动息息相关。谁都没有想到中国股市会影响到美国，而美国经济的兴衰又牵动着全世界。

对于个人来讲，“不为钱发愁，过自己想过的生活”是我们关于幸福生活的理想。作为收入不多的普通人，如何利用个人有限的资源，改善生活，让幸福人生没有后顾之忧，真正做到财务独立自由，理财就成了生活中不可或缺的学习课题。同时，理好财也是解决人生财务问题的最佳方案。

一边是物价上涨，股市下跌；另一边是黄金、房产等各种理财产品层出不穷。在市场形势不容乐观的背景下，基于对财富“缩水”的担忧，越来越多的人加入了理财的行列。无论是刚刚进入社会的年轻人，还是拖家带口的中年人，甚至是已经退休的老年人，时刻都在关注着理财这个关系到自己生活质量的话题。

但究竟什么是理财？如何理财才能理出幸福人生？理财，真的可以让我们成为有钱人吗？这些问题的最终答案在于你有怎样的理财观，也就是你的财商如何。很多人以为，理财就是投资。事实真的是这样吗？

当我荣获 IARFC 国际认证理财规划师证书时，被三家理财规划师认证培训学校邀请去讲课。有一个学生就问我：“牛老师，您是理财师了，我现在手中有 10 万元，你帮我理理财，您看运用什么工具将我的钱翻倍？”

这个学生的问话是百姓中常有的心态。如果放在 10 年前，我不会认为这句话有什么毛病。但是现在，我觉得他的问话说明他把投资和理财的概念混为一谈，也正如当今一些金融机构（银行、保险公司、证券公司）宣传的那样：买 ×× 股票、买 ×× 基金是理财的最好工具，可以让你收益达到多少多少！他们不管你的风险承受能力有多大，生活目标是什么，一味地向你推销他们各自的产品，以收益多少为宣传媒介向人们展示“理财产品”。于是，中国的百姓从有理财意识开始，就是靠这些宣传来管理和支配自己的资金。

我并不是说金融机构宣传产品有什么错误，而是说，在人们不懂理财和投资的关系时，许多人受不正确宣传的影响，盲目购买了不适合自己的投资产品，而使个人和家庭背上了沉重的经济包袱。

在我们身边，经常可以看见一些年轻人刚刚组建家庭就急于购买房子、车子，甚至不惜靠信用卡大幅度消费，根本不考虑自己的经济实力，最终成为了金钱的奴隶，背着房奴、车奴、卡奴的包袱，被压得喘不过气来。还有一些人不了解自己的风险承受度是多少，就盲目买一些风险高的产品，导致身心健康出现问题。还有的人不清楚自己的生活目标，也从来没有计划，花钱大手大脚，一旦出现意外，导致财务出现危机。

诸如此类情形，在现实生活中比比皆是，归根结底，就是因为在我们的教科书中和过去所接受的教育中，没有系统的财商教育及正确的理财观念，人们对如何正确使用自己的财富没有理性的认识。

在20世纪五六十年代，人们都生活在计划经济之下。我们的父辈孩子多、收入少，为了生计，省吃俭用，维持着家庭的衣食住行。他们每月的收入屈指可数，家里也没有什么资产，家庭生活好一点的可能有三大件：自行车、收音机、手表。所以，“财商”观念对于绝大多数的人来说是陌生的，多数家庭是量入为出，有了结余，也是把钱存到银行这一种方式。

而现在国内由计划经济转变为市场经济，社会进入了信息时代。部分家庭已由过去的旧“三大件”更换成新“三大件”：汽车、房产、投资（保险）。但是根据这些年我所接触到的理财情况来看，虽然几十年来人们的生活品质有了很大提高，但人们的理财观念整体上没有提升。这与我们的学校教育及社会宣传没有跟上有一定关系，也与我们过去形成的固有生活习惯有直接关系。所以，要想提高财商，确立正确的财富观，就必须在理财路上创新思维。

投资不等于理财，像前面那个学生所提到的让钱翻番并不能说是理财。理财规划包括现金规划、消费与支出规划、风险管理与保险规划、子女教育规划、养老退休规划、投资规划、传承规划、税收规划等八大规划，而投资规划只是其中之一。创新理财思维首先就要改变自己的理财观念和理财逻辑，要明确理财规划在人生中的重要性，根据自己的需求和目标把自己的资产进行合理规划和配置。

从实际收益来说，理财是一种长期的、理性的、专业化的行为，绝对不能和具有赌博性质的投机行为相提并论。如果不能准确理解理财的目的和价值所在，任意听信那些无风险、高收益、一夜暴富的谣言，盲目地把钱投出去，就很可能会落入投资陷阱，落个血本无归的下场。

不要让情绪毁掉你的财富

一个人的情绪对事业、家庭幸福、理财目标的实现都起到至关重要的作用。就拿日常理财的环节来说，有的男士因家庭琐事引起心中不快，一气之下就去酒店喝得酩酊大醉，无心工作或无心经营事业；还有的女士生气了就上街疯狂采购一大堆的衣物，结果后来发现有一半的衣服闲置一年还没穿。这些行为不仅造成了财务上的浪费，经济上的损失，还会影响家庭幸福，降低生活质量。

我们先抛开由于不良情绪而对赚钱方面的影响不谈，只来谈一下情绪消费对个人理财的影响。某调查公司在对北京、广州和上海三个城市900名受访者进行调查的结果表明，93%的18～35岁的女性都有过各种“情绪消费”行为，“情绪消费”占据女性消费支出的20%。很多女性在心情大好或者心情不好的时候都喜欢通过购物来发泄情绪。虽然花钱的那一刻感觉很好，等到冷静下来，看到空空的钱包时，已是追悔莫及。

一般来说，情绪消费有以下四种类型：

1. 发泄型

这类人在工作和生活中遇到一些不顺心的事情时，往往会把花钱作为他们宣泄情绪的一种方式，比如找一群朋友聚会喝酒、唱歌，或者上街乱买一通等等。此时，他们关注的不再是要花多少钱，而是把钱花掉以换取心理上的一种短暂的欢愉。他们是在用花钱的方式来实现与社会的交流，并以此获得情感上的释放，缓解内心的压抑。

在电影《同居密友》中，郑秀文失恋后，一个人去商场“血拼”泄愤，买了大包小包的衣物，却因为失魂落魄，边走边掉了一地。她买的原来不是那些实实在在拎在手里的东西，而是一种安慰。

这种故事并不只是发生在电影中，现实中也随处都在上演。这类人不管平时是否节俭，一旦出现情绪就很容易打破原有的理财计划，过度消费。虽然事后常常后悔，但也于事无补。

2. 显摆型

和发泄型的情绪消费动机不同，显摆型购物的人是用所购买的商品来体现他们的价值，以此满足他们的虚荣心。比如一些普通职员收入并不高，但为了显露自己，或者为了不输给别人，会不惜刷爆信用卡，甚至借钱去购买一些“奢侈品”。这种过度消费的习惯不但使他们很难有多余的钱用来理财，甚至还可能为此背上沉重的经济负担。虽然在人前光鲜亮丽，私下的生活质量却差强人意。

3. 从众型

从众型的消费人群往往没有什么计划，而看到别人买什么就想买什么。别人购买的物品，尤其是让他们感到心仪的物品，往往是触动他们购买的导火线和催化剂。这种消费心理其实是源于一种攀比心态，希望自己和别人是一样的，甚至比别人拥有的还要好。比如苹果手机的饥饿营销模式，实际上就是为了挑逗起这类人的消费冲动。在他们看来，这样的好东西，别人有了而我却没有，面子上就过不去。所以，这类人很难养成良好的理财习惯。无论多么完美的理财计划，在他们这里都有可能被一件衣服、一部手机、一次旅行而破坏掉。

4．冲动型

这类人的消费往往带有最明显的情绪色彩。有时，他们并没有什么消费计划，但由于受到某种诱惑，或者某种情绪的影响而使他们冲动起来，买回一些他们或许根本就不需要的商品。他们的消费决策常常是临时做出的。比如，一些人去超市本来只准备买一瓶酱油，但到了超市之后看到各种打折信息就毫不犹豫地疯狂购买，最后买回家很多虽廉价却无用的东西。冲动是理财路上最可怕的魔鬼，它会不知不觉地吞掉你存了好久的钱。

或许你很快就发现自己曾是这四种情绪消费类型中的某一种或某几种。这就是为什么你的钱越理越少，而有钱人却越来越有钱的原因。每一个财商高的人都懂得，理财路上最忌情绪化消费。虽然你的心情很糟糕，虽然购物能够带给你暂时的欢愉，但这仅仅是暂时的而已，并不能从根本上消除你的负面情绪。

我有一个女性朋友，一次和丈夫吵完架之后，放纵地去购物。在商场，她被光彩夺目、风情各异的各种戒指所吸引。她想到结婚时，丈夫连一个像样的婚戒都没有给自己买，居然用一个假塑料戒指就蒙混过关。这么多年了，他也从来没有送过自己像样的礼物，心情更加郁闷。

于是，她毫不犹豫地走到卖钻戒的柜台，挑选了一款价值一万多元的钻戒，并立刻付款。然而，那个美丽的钻戒所带来的快乐很快便被原来的忧愁所覆盖。而当她收到银行寄来的信用卡账单时，忧愁便又添了几分。虽然她的丈夫并没有责备她，但花一万多元买一个戒指，还是使她背了很长一段时间的心理包袱。

如果我这位朋友能够控制好自己的情绪，把用于“情绪消费”的时间、精力乃至金钱投入到解决问题之中，我想对她的生活将会更有价值。

所有的负面情绪都是提高财商的大敌。在经济时代，“钱袋子保卫战”早已打响。我们不能因一时的情绪就让辛辛苦苦积攒下来的财富白白流走。

一夜暴富不如细水长流

随着中国城镇化进程的加快，出现了这样一群人：昨天还在“面朝黄土背朝天”地劳苦耕作，今天就变成了“百万富翁”。这就是新一代的“一夜暴富”者。他们住在崭新的安置房里，享受着丰厚的征地补偿金，开始了和以往贫困简朴的生活完全不同的富裕日子。

然而，这种“意外之财”具有极大的不确定性，使得我们无从规划，稍有不慎就极有可能再次返贫。对于过惯了苦日子的人来说，“好不容易有钱了”，就想“潇洒”一下。对于突然有钱的“拆迁户”盲目消费的报道层出不穷，有人相互攀比炫富，买豪华轿车、贵重首饰、奢侈品等等，还有人沉迷于赌博游戏，“一夜暴富”转眼变成了“倾家荡产”。相较于这些大肆消费的人来说，还有一类人则像是守财奴，将巨额财富牢牢地锁进了银行，在通货膨胀中慢慢地缩水。由于缺乏合理的支配资金的规划，“一夜暴富”并没有带给他们梦想已久的幸福生活，反而很快就使他们陷入了“二次返贫”的窘境。

在当今，“一夜暴富”的神话不仅出现在这些拆迁户身上，彩票、赌博以及投资同样有这样的神话。尤其是在投资市场，神秘的操盘手可以在股市、楼市翻手为云，覆手为雨。许多投资者就是被这样的神话所迷惑，认为投资理财可以一夜暴富，甚至不惜借钱炒股、炒楼。

事实上，无论盲目消费或者保守存钱的“拆迁户”，还是幻想着通过投资理财“一夜暴富”的理财者，都没有真正理解理财的含义。理财不是为了享受，也不是为了发财，而是为了做到未雨绸缪，让你的财务状况平稳有序，让你的幸福生活细水长流。

曾经有人这样定义理财：“不是让你更富有，而是让你永远富有下去。”可见，无论你已经“一夜暴富”，还是幻想着“一夜暴富”，都必须早日确立正确的理财观，通过对自身资产状况和理财目标的分析，制定一个合理的长期的理财规划，让幸福生活源远流长，最终达到财务自由。

小李是我的一个学生，他第一次听完我的讲座之后就准备进行投资。一方面他不希望自己辛辛苦苦赚来的钱放在股市里冒风险，另一方面又想很快得到较好的收益。于是，我建议他购买一支基金。因为我觉得基金的低风险和平稳收益较适合他这种谨慎但又想发财的投资者。

我原以为他会在这次投资中体会到理财的好处，事实却并不是这样。刚开始的几个月，小李投资的基金表现优异，每次他上网看完基金的涨势之后都会由衷地向我表达他的喜悦。然而不久之后，这支基金开始不断地跳空下跌。小李的表现开始有些急躁。在我的劝说下，他耐住性子等待着反弹。然而，在接下来的几个月里，小李投资的这支基金长跌不起。小李为此茶饭不思，再也听不进任何劝言，愤怒地将基金低价处理了，并且打算从此以后再也不涉足投资理财。

然而，几天之后，那支被小李抛弃的基金奇迹般地咸鱼翻身，大涨起来。

小李再次找到我，要求继续学习投资理财。

其实，我身边有很多投资理财者都像小李一样，想通过快进快出快速地赚到大钱。但是，现实和经验告诉我们，不管心中多么渴求财富，在投资理财的时候都必须保持头脑冷静。即使暂时的收益不太理想，甚至出现大幅震荡，只要长期坚持定投，就有可能获得一个比较稳定的投资回报。如果像小李这样因为短期内收益不够理想就快进快出，即使获得一点收益多半也会被进去出来的手续费给吃掉了，资金不久就会缩水。

人生中需要资金的时候很多，供养孩子、赡养父母、个人养老等都需要大量的资金。如果仅仅靠每个月固定的工资收入显然无法满足我们的需要，所以我们必须学会投资理财，而投资理财最重要的就是坚持。对于资金有限的普通投资理财者来说，理财注重的不是短期内的收益，而是一生财富的规划。所以，在投资理财的时候不能被市场牵着鼻子走，更不应该为了单纯的赚钱而忽略了长期的理财目标管理和规划。

有专家曾对投资理财的收益率做过研究，结果发现：同样一种理财产品，如果你仅仅持有 1 年的话，负收益可能为 22%；但是如果你能够坚持持有 5 年的话，负收益的可能性仅为 5%；而如果你能够坚持持有 10 年，负收益的可能性就会变成 0。其中的道理很简单，任何投资理财都存在一定的风险，而你持有的时间越长，那么风险的波动就会越趋近于它的长期均值，你的投资回报也就会越稳定。

理财不是投机，不可能让你一夜暴富，却是细水长流的财富积累，财富的增值和翻番需要靠时间才能实现。所以，在决定进行投资的时候，我们首先必须在心理层面做好长期持有的准备，持有的时间越长，收益也就会越高。

不因钱小而弃之

一个财商高的人会明白，金钱的积累是从“每一个硬币”开始的，他们绝不会因为钱小而弃之。他们相信财富的积累永远是一个循序渐进的过程，日积月累，再小的钱也能变成大钱。然而，我见过很多年轻人只贪图大的财富，看不起手中的小钱，结果却离大财富越来越远。任何成功都是由小到大，财富的积累也是如此。即使是亿万富翁的财富也是从 1 元钱开始的。

你现在节约下来的每 1 元钱，都是你未来财富大厦的坚固基石。攒钱是这样，花钱也是这样，花 1 元钱和 2 元钱或许当时觉得没有太大区别，但时间长了，所产生的贫富差距却很大。如果你每天坐车省下 10 元，那一个月就是 300 元，一年就是 3600 元。如果拿这笔钱去投资，以每年 10% 的回报率算，再过 10 年，每天的 10 元钱，就变成了 9464 元。如此算下来，你还觉得 1 元钱、10 元钱小吗？

犹太人被誉为“世界上最会赚钱的民族”，我们来看看他们对待小钱的态度是怎样的。在犹太人中流传着这样一个故事：

有两个年轻人一同去寻找工作，其中一个叫阿山，另一个叫浩瀚。他们都怀着对财富、成功的渴望，四处寻找适合自己发展的机会。

有一天，当他们一起去一家公司面试的时候，同时在公司门口看到一枚硬币。阿山看也不看就走了过去，浩瀚却激动地将它捡了起来。

阿山对浩瀚的举动露出鄙夷之色，心想：连一枚硬币也捡，真没出息。

而浩瀚望着远去的阿山心中诧异，心想：让钱白白从身边溜走，真没出息。

到底是谁真正没出息呢?

这次面试，他们都通过了，一起进入了这家公司。公司很小，工作很累，工资也很低。阿山干了几天之后，不屑一顾地辞职离开了。而浩瀚却留下来认真地工作。

两年后，两人又在街上相遇，浩瀚已经成了一位小老板，而阿山还在寻找工作。

阿山疑惑不解地看着浩瀚，问道："你怎么这么快就发财了呢？"

浩瀚笑着说："因为我不会像你那样绅士般地从一枚硬币上走过去，我会珍惜每一分钱，而你连一枚硬币都不要，怎么会发财呢？"

这就是犹太人的财商，他们并不是不在乎钱，相反，他们非常在乎钱，但不会眼睛只盯着大钱而对小钱弃之不理，所以他们才能真正获得大钱。

现实中，很多人都像阿山一样，对小钱不以为然，认为看重小钱的人肯定赚不了大钱。事实上，许多有钱人的大钱正是从小钱赚起来的。在当今社会，竞争越来越激烈，工作难找，赚大钱的工作更难找。但有一个机会却平等地摆在了所有人面前，那就是赚小钱的机会。即使你现在的月薪只有 2000 元，只要你珍惜每 1 元钱，总有一天你的财富会积少成多。

曾经有位百万富翁这样说过："小钱是大钱的祖宗。"现实中很多有钱人都是靠着赚不起眼的小钱而白手起家，然后从"每一个硬币"开始积累，让财富不断增值，最终成为有钱人的。据统计，国外 90% 以上的大富豪是白手起家或靠小本经营起步的，只有 10% 不到的人是靠继承遗产发家的。而在中国，这个比例恐怕要占到 99% 以上。

聚沙成塔，粒米成箩。一分一厘看起来微不足道，但如果积累的量够多，同样会成为可观的财富。有一位经销阿司匹林的经营者曾感叹："上帝啊，如果我们能够每一天卖给一个中国人一片阿司匹林，我们的销量将翻倍地增长！"这是一个拥有高财商的商人。

投资也是如此，或许有赚大钱的人，但更多的人却在赚小钱。如果你能够"不因钱小而弃之"，持之以恒地赚小钱，你离成功也就不远了。在巴菲特50年的投资生涯中，每年的平均回报率只有26%。这对于一些习惯于赚大钱的投资者来说，简直不屑一顾。然而，50年中，有多少眼中只有大钱的投资者湮没在历史的尘埃之中，只有巴菲特成为了世界首富。

对于并没有多少资金的普通投资来说，更要重视小钱。只有坚定不移地运用各种理财手段，无论是股票、基金，还是国债、定期存款，只要别让手中的那点小钱闲下来，每年或多或少都会有一些收益。长期坚持下去，财富也就在不知不觉中积累起来了。

态度决定财富，习惯决定态度。在当今社会，物价飞涨，无论你有多少钱，每天眼睛一睁开就要面临财富缩水的危机。但是，只要你养成合理开销，长期理财的好习惯，以"不因钱小而弃之"的态度去生活，你依然可以比别人有钱。

全球最大连锁超市沃尔玛创办人山姆·华顿说："精明花一块钱，跟精明花一亿元一样重要。"不让每一分钱从身边白白流走，养成精明花钱的好习惯，用小钱赚大钱，这才是最富有财商的理财智慧！

第三章

幸福生活离不开理财规划

作为一个现代人，要承担一个家庭的经济负担越来越重了，除了最基本的赡养长辈、生育、教育子女、买房、购车外，像添置家具、全家旅游、退休后拥有潇洒的银发人生，不管是哪个阶段，哪一种生活要求，都必须要靠金钱来满足，因此做好理财，储备必要的经济能力，将是现代人必修的课题。

为什么需要理财规划

很多朋友曾经问过我：“我为什么要理财？理财对我有什么好处？”可以这样讲，如果没有理财规划，人就像漂浮在海上的一只无舵之船，这只船停靠在哪里，将漂向何方，我们无从所知。社会上有很多人都糊里糊涂地生活。我们有许多人生的期待、梦想和目标，但如何使梦想成为现实，人们几乎不会花太多时间思考，也无从所知。

在春晚小品《不差钱》中有这样两句话让我们深刻体会到理财的重要性：人最痛苦的是什么？人死了，钱没花完；最最痛苦的呢？是人活着，钱没有了。于是，自古以来，人们对钱财的态度就分为两种，一种是“花”，一种是“存”。事实上，无论是哪一种，一旦走了极端，带给我们的都是痛苦。而理财就是要教我们如何花钱、用钱、让钱生出更多的钱，而不是单纯教我们如何省钱、存钱的。

一位杨女士和王先生同在一个通用设备公司工作，10 年前杨女士每年拿出5000元投入基金，收益率在8%，连续10年投入了5万元，截止到2010年末，包括收益账面价值已经达到19万元。而王先生比杨女士晚投了5年，每年投7500元，收益率也是8%，截止到去年年底，账面仅仅10万元。其结果，王先生比杨女士每年多投2500元，但收益却比杨女士少9万元。

这是为什么呢？原因很简单：早理财多受益，晚理财少收益。因为时间和复利是一对孪生姐妹，缺一不可。所以，要使自己的财务目标能够如期实现，必须要有清晰明细的计划，才能使财富增值保值。

根据马斯洛的需求理论，我们知道人类的所有高层次需求，比如情感和归属的需求、尊重的需求、自我实现的需求等都必须建立在能够满足生理需求以及安全需求之上。在当今社会，每个人都背负着沉重的经济负担，除了最基本的衣食住行之外，还有养育子女、赡养父母，以及希望退休后仍然能够拥有足够的财富享受幸福人生等等。不管是哪一个阶段，哪一种人生需求，都必须依靠金钱来满足。如果不及早进行理财规划，无论你多么有钱，也会因为不会“花”而使生活质量每况愈下，到了晚年甚至会有陷入经济危机的危险。我国著名的学者、教育家、外交家胡适先生的一生就是一个例子。

胡适先生在当时的社会地位很高，一生始终处于社会的上层。所以，在进入中年之前，他的收入一直很高。27岁的时候，他就已经是北京大学的教授，月薪280银元，当时，1银元相当于现在的人民币40多元，也就是说胡适先生的月薪在现在是11200元。另外，他还有版税和稿酬收入。41岁的时候，胡适先生从上海返回北京大学担任文学院院长，月薪600银元，再加上他当时的版税、稿酬也较为丰厚，有人估算他一月的收入可以达到1500银元。当时的1银元相当于现在的人民币30元，那么胡适先生当时的月收入在现在就是45000元，年收入达到50多万元。且不说胡适先生的收入在当时是什么水平，就是放在今天，也属于高收入者。但是，谁能想到他在步入中年之后经济就已经开始拮据起来，并且持续一生。

胡适先生赚来的钱都花在了哪里？他家的住房十分宽敞，并且雇了6个佣人，平常生活也是大方奢侈，从不注重理财。所以，即使胡适先生收入不菲，却经常花个精光，根本没有任何积蓄。抗日战争爆发之后，国内的经济形势急转直下，胡适先生的收入也骤减，而一向没有积蓄的他自然经济情况不容乐观，生活质量也大不如前。到了晚年的时候，胡适先生每次生病住院医药费都会告急，为此他只好坚持提前出院。

胡适先生在晚年曾多次告诫身边的人："年轻时，要注意多留点积蓄。"如果仅仅把这句话看成存钱的必要，那就显得过于狭隘了。我们可以反过来想一下，如果胡适先生把所有的收入都存下来，日常生活过得十分拮据，那么即使到了晚年，他手中有一笔"养老金"，先不说通货膨胀是否令他的财富贬值，就说他前半生的拮据生活能够算是幸福吗？

钱财乃身外之物，它最大的意义就在于我们利用它的时候。我们应该在自己有生之年对财富进行合理的规划，让财富为我们所用，为自己和家人的生活增添乐趣和幸福。所以，我们必须早一点认识到理财的重要性，用科学合理的理财规划来为自己的幸福生活保驾护航。

财富，你了解多少？

很多人忙忙碌碌地追求财富，以为有了钱就有了幸福生活。真的是这样吗？

一些人常年忙于事业而忽略了与家人的关系，导致他们即使赚到了全世界的钱，却无法挽回早已生疏的亲情；还有一些人想尽所有办法给儿女提供一切需要，最终却让儿女成为无法独立生存的“寄生族”，他们也未能获得一丝孝敬与回报……这些悲剧的发生就是因为这些人对财富的理解过于狭隘。

我认为，财富可以简单分为两点：

一是狭义的，指的是有形的资金和资产。例如，现金、房子、车子、珠宝、土地、股票、债券、外汇……

二是广义的，指的是无法用货币尺度评估的资产。例如，专业技术、知识、见识、人脉、亲情、友情、爱情……

无论哪种财富都是我们幸福生活所必需的。理财规划不仅仅是对有形财富的规划，更是对自己人生的一种规划，其中也包括那些无法用货币尺度评估的资产，目的在于为自己赚得一个幸福美满的人生。

财富资源，你有多少？

财富资源是指一个经济主体本身具备的财富累积能力，个人、家庭、企业、国家等均是一个经济主体。根据财富的定义，我们同样可以从狭义和广义两个方面对财富资源进行区分：

狭义的，即我们日常所说的财物；

广义的，则是指人生中一切无形的、足以协助你累积财富的资源。比如时间、知识技能、社会人脉、个人品牌等。

举一个具体的例子：小王是刚刚大学毕业进入社会的年轻人，他的财富资源有多少呢？从狭义上来说，他可能仅仅只有每个月固定的几千元工资；而从广义上来讲，他还拥有时间、知识、刚刚工作的热情以及可以预见的社会人脉等等。如果小王能够对自己的这些财富资源进行合理的规划，他的人生必将由此改变。

理财规划究竟有什么作用?

其一，了解个人和家庭的财务资源和未来生活目标的关系。假如你想在三年之内买房，或者每年出去旅游两次，你的财务资源能使你达成这些目标吗?想象一下，你看中了一套房子，可是付完首付后却发现自己无力偿还贷款会是什么情况?你出去自驾旅游，路上没带够钱加油（信用卡没带）将会出现什么情况?

其二，实现财富创造和财富管理的适度分离。财富创造的过程往往都是令人愉悦的，看着手中的钱不断增加，足以让我们对未来产生种种遐想。但是，如果你忽略了对创造的财富进行打理，那么你所有的遐想都将变成泡沫，而你的财富也会随着时间的流逝而出现风险。

其三，理财规划让你了解“量入为出”的涵义，不会使当期消费超过当期收入。如果能够做到量入为出，无论你一个月的收入是几千元还是几万元，你都能使自己在满足各种生活所需之后还有所节余，避免过度消费超出自己力所能及而导致债台高筑，规避风险。

其四，理财规划可以帮助你满足节余的目标，它会时刻在你耳边提醒：预留资金用于储蓄和投资。制定一个切合实际的理财规划，你可以将节省的钱用于你真正需要的东西上。

其五，理财规划会帮助全家人集中在共同目标上，而不是个人的愿望。就年轻人来讲，理财规划会提高婚姻的质量。一个好的规划不仅是个完美的收入支出计划，也是一项重要的沟通工具。由此，为实现家庭的短中长期目标，减少金钱使用的争论纠纷，使夫妻生活更加和谐。

由此可见，理财规划是保证个人和家庭生活目标得以实现的最有效途径。在我们的一生中，或许有很多幸福和快乐并不是金钱能够带给我们的，但对财富进行合理的规划和管理，能确保我们的生活状态稳定安全，能帮助我们协调家庭关系和感情，从而使我们有足够的心情和精力去享受人生的幸福！

老龄化到来，理财要趁早

你是否想过这样的场景：45 岁时的一个早上，当你睁开双眼，突然意识到已经没有足够的时间来积累合意的退休生活费用了，也不再有足够的精力与那些年轻人打拼了，前些年本可以利用的一些投资机会也因你忙于公务而错失了。难道老年的你要经历这样的财务困境吗？

其实只要及早开始我们的理财规划之旅，就不会经历这样可怕的清晨，不会有无可奈何花落去的感叹。

1. 梦想是目标吗？

理财首先要有目标，那么，什么才是真正的理财目标呢？在我们的一生中，在不同的阶段会有不同的梦想，或者对未来理想生活的想象。这些梦想可以看做理财目标吗？比如说，我要买一套房子，我要举办一个盛大的婚礼，我要进行一次环球旅行……事实上，这些只是我们生活的愿望，并不是理财目标。明确的理财目标应该可以用货币的形式进行衡量，并有具体的可以实现的期限。比如，我要在 3 年内买一套价值 50 万元的房子，我要在5年后举办一场价值100万元的婚礼，我要在10年后花100万元进行一次环球旅行……只有这样的目标才能督促我们进行详细而合理的理财规划，并有足够的毅力开源节流，以实现目标。

一个人知道自己想要什么，并且明白在自己的能力范围之内要怎样做才能实现目标，是向有钱人迈进的第一步。但现实中的大多数人并没有明确的目标。他们不仅人生在糊涂中开始，在糊涂中结束，挣钱、花钱也是如此。还有一些人，虽然他们有梦想，有目标，却因为不够明确而不断地被利益、金钱所驱使，不断地跳槽，看起来忙忙碌碌，却一无所获。所以，从我们开始踏入社会获得第一笔收入开始，就应该认真、冷静地问一下自己：我究竟想要什么样的生活？在未来3年内、5年内、10年内、20年内、40年内要实现怎样的目标？

2. 不同人生阶段需要不同的理财规划

在人生的不同阶段，由于自身的财务状况、家庭责任和理财需求的侧重点不同，所以，理财目标也会有所区别。从步入社会到晚年退休，人生一般会经历5个阶段：步入社会期、家庭形成期、家庭稳定期、空巢期、晚年退休期。

（1）步入社会期。

这个时期事业还在起步阶段，虽然收入有限，但因为年轻气盛而各项开支都较高。所以，此时的理财目标应该是保障收支平衡，生活安稳。应该注意开源节流，增加储蓄，绝对不能急躁。理财的目的不在于获利而在于积累资金及投资经验。所以可抽出部分资本进行高风险投资。另外还需存下一笔钱，一为将来结婚，二为进一步投资准备本钱。

（2）家庭形成期。

这是从个人到家庭转型的时期。从一个人变成两个人，家庭的收入和支出都出现了大的变化。不过，由于夫妻双方都还年轻，所以收入并不是很高，不过两个人的收入还是比一个人的收入更为充足、宽裕，但同时也要面临买房、买车以及生孩子等各项计划，所以经济还是比较紧张。因此，这个时期应当以储蓄为主要任务，积累一定经济资本。

（3）家庭稳定期。

一般是指孩子已经开始上学到大学毕业这段时期。这个时期夫妻双方的事业都进入了稳定阶段，收入也达到顶峰，孩子的开销为家庭主要的财务支出。同时，夫妻双方都已开始步入中年，而子女也进入了接受教育的主要阶段，家庭理财规划要以子女教育需求以及退休规划为重点。在投资方面可考虑进行风险投资等。购买保险应偏重于教育基金、夫妻双方自身保障等。

（4）家庭成熟期。

这个时期子女大多已结婚成家，所以在子女身上的开销相对较少。而夫妻双方因为年龄的原因离退休越来越近，收入也大不如前，不过也有了一定的储蓄。此时，理财规划目标应以晚年退休的幸福生活为主，应该考虑如何让钱生钱，而不是一味地储蓄。不过，在投资时要以“保守”为主，不可过于冒险。此外还要存储一笔养老金，养老保险是较稳健安全的选择。

（5）晚年退休期。

这一时期开始享受前半生理财规划的成果。理财规划开始的越早，越合理，此时的生活就会越轻松愉快。在享受退休生活的同时，如果还有一定的“闲钱”可理，就要以“保本”为目标，尽量避免风险投资，以免影响晚年的幸福生活质量。另外，在65岁之前，检视自己已经拥有的人寿保险，进行适当的调整。

3．“养老金”能养老吗？

有人曾做过预测，到2050年，中国的老年人口将达到4.3亿，占总人口数的30%。也就是说，到2050年，每3个中国人中就有1个老人。这样一个数据不得不令现在正值当年的年轻人考虑一下老年生活该如何安排。或许你会说：“怕什么，不是有养老金吗？”虽然我们的社会保障制度越来越完善，甚至连农村的老人也已经开始领养老金，但养老金真的能让我们有一个幸福快乐的晚年生活吗？

首先，我们不得不考虑一下通货膨胀的因素。如果没有完善的理财规划，只是每个月领固定的养老金，恐怕很难赶得上通过膨胀率上涨的速度。且不说应付随时可能发生的应急支出，比如老年人经常面临的重病、车祸等各种意外状况，就是基本生活所需恐怕也很难获得保障。

其次，按照我国目前的养老金缴存比例，在未来社会平均工资稳定上升的前提下，个人收入越高，退休后所领取的养老金相对于退休前的收入来说往往越低。可见，对于现在收入较高人士来说，如果不及早进行理财规划，退休之后的老年生活质量会大大降低。

所以，如果你现在拿着高收入却还未想过如何安度晚年的问题，在经济陷入危机之前，应该马上开始采取理财措施，制定一个完善、合理的理财规划，为自己的养老做好长远的打算。

人生理财首要的三个步骤

人生理财有三个步骤：去哪里？在哪里？如何去？

1. 去哪里？

就是人生理财的目标。一般而言，人生的目标主要就是这几项：房子、车子、孩子教育、旅游和养老生活品质，最后到老年的时候还要给子女传承资产。

如何设定理财的目标？我建议：

第一，用具体的数字对目标进行定性。

例如“我要买一套房子”，但到底是要两百多平方米的别墅？还是几十平方米的小套房？是在小县城买每平方米几千元的房子，还是在北京买每平方米两万多元的房子？“我要买车”，是商务车，还是越野车？是买十几万元的车，还是几十万元的车？等等。只有把每一个目标都用具体的数字表现出来，才会更加醒目，更有指导性。

第二，确定实现目标需要的具体金额。

比如，我想买一辆商务用车，价位在20 ~ 30万元之间，而不是仅仅说，“我想买一辆商务用车”这么简单。只有心中有了一个明确的标准，才能脚踏实地地为之努力。

第三，了解理财的目标包括哪些。

和日常生活所需的衣食住行各项临时开支不同，理财目标强调的是长期规划，一般是指需要较多金钱，经过较长时间才能完成的开支项目。比如，买房、买车、子女的教育基金、养老基金等。

我在理财课程演讲中，总是听到学员咨询“怎样设定理财目标”之类的问题，我反问他们，“你的人生目标是什么？”得到的答案不外乎“我要变富翁”、“嫁个有钱人”，我认为这类“钱越多越好”的回答，实在太含糊笼统。

我们知道开车要有目标，开到什么地点到达目的地，而很少有人能够精确地告诉我，他在多大年龄之前用多少钱完成自己的目标。根据我的实践，如果没有明确的目标，缺乏详尽的行动准则，理想就难以实现。因此，拟定正确的理财目标，并且循序渐进、按照专业的步骤去执行，才能让你的“美梦成真”。

2. 在哪里？

对自己的资产状况进行盘点。看看我们自己的家底有多少，要用资产负债表和财务收支表来反映。大家一般会想，这是会计做的工作。对，在企业，没有会计算账难以知道企业的资产负债状况及现金流（财务收支）等，而我们现在家里有钱了，电子产品应有尽有，金融资产名目繁多，大多数人却对自己的资产金额不十分清楚，因为没有清晰可见的财务表反映出来。因此资产负债表和现金流表是家庭财富晴雨表。

现金流表就是月收入额和月支出额，假设你一个月收入有 8000 元，支出花掉 5000 元，剩余 3000 元。这就是财务收支表。通过财务收支表，我们能够清楚地看到个人和家庭的收支状况，从而把下一个月甚至下一年各项目标所需的金额估算出来，提前做好理财规划。同时，也能有效避免冲动购物产生的不必要开支，规避一定的财务风险。

3. 如何去？

就是采取什么途径，什么方案实现目标。

首先，看你的风险承受能力有多大。风险承受能力有四种，它犹如我们的血型。我们的血型有四种：A 型、B 型、O 型、AB 型。假如 A 型血的人病了住院，需要 B 型血的人输血可以吗？一定不可以，如果非要输的话，会出现什么情况？当时就咽气。风险承受能力类型也是如此，它也有四种类型，冒险型、稳健型、进取型、保守型。如果保守型的人非要按照冒险型的投资策略去操作，会出现什么情况？小马拉大车，中途就会吐血，就会当时死亡。这也是为什么在前几年出现张三炒股票赔钱了没什么事，而李四去炒股票赔了钱就会卧床不起的情况。因为他们的风险承受类型不一样。

其次，是量力而行有度。在我们周围肯定有房奴、车奴、月光族的人群，为什么会有这样的人出现？是因为他根本不懂得量力而行，不该买房的时候买了，不该买车的时候买了，自从买了房子和车以后，连同学、朋友聚会都不敢去了，生活苦不堪言。

最后，是资产合理配置。首先了解资产都有哪些？金融资产包括银行存款、股票、基金、信托、外汇黄金、期货等；实物资产（不动产）就是房子，还有收藏品、金银首饰等；无形资产包括债权资产、保险资产等。

姚明和丁俊晖都是各自领域的冠军，但要是让他俩换个位置，能成为冠军吗？因此，资产配置是根据目标来选择哪些产品更适合自己，根据自身财务目标对收益的要求和投资风险承受能力的类型，以及市场形势的分析进行有效的资产比例划分，不能错配资产，否则将造成资金的损失。

十大理财规划解析

人生最全面的规划就是十大理财规划，即十大财务规划。这十大理财规划包括：收支储蓄管理、紧急备用金、保险规划、房产规划、子女教育规划、养老规划、投资规划、节税规划、信用贷款运用及信托规划。如下图所示，具有财商管理能力的人一般都有这些理财规划。

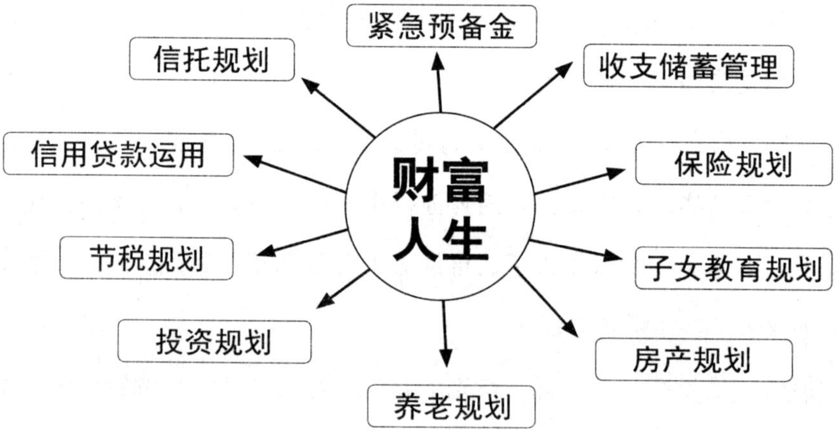

我在全国讲课时做了调查，可以说，在我国100%的人都没有十大理财规划，甚至有人从没听说过。曾经有过两三个理财规划的还是个别学员。

大部分人过去赚钱只考虑急功近利，不先规划就去投资，就去买房，就去支出等项开支。

为什么人们需要有理财规划呢？因为自从中国从计划经济过渡到市场经济，由于通货膨胀的影响，使我们手中的钱愈来愈不值钱了。原来100元钱能买到的物品，经过5年后，要买到等值的物品可能就需要200元钱。因此，我们看到，在改革开放的30年中，人们都十分注重投资。有的属于投机行为，目的是想让自己的钱生钱。可是，有众多的人在几十年的投资大潮中赔了钱。有人赔了10%或20%，甚至50%或80%。原来的10万元钱，经过投资的洗礼，变成了8万元、5万元或2万元不等。为什么会出现这些现象？究其原因有以下三个方面：

（1）在过去的年代里，人们从来没有接受过财商教育，因此他们不懂如何正确投资，大多数人都是投机行为，随波逐流，跟风听消息，最后结果是赔的比赚的多。

（2）年轻人走向社会参加工作后，首先考虑的是物质的满足，攀比风气严重，但是由于对资金估计不足，导致陷入月光族、房奴、车奴、卡奴的陷阱。

（3）大多数人由于有着守旧的观念。炒股票赚了钱，则大力宣扬，赔了钱却都不声张，更谈不上查找原因。想当年，在股市上涨时，多数人赚钱是靠着消息来获益的，而绝非是凭自己的专业知识来让钱生钱。由于不懂财商管理，不了解理财的观念及投资的相关知识，自从赔了钱，再也不敢涉足投资产品了，而是改变投资渠道，去找民间信贷方式来获取收益。殊不知，这种渠道也暗藏着高风险。

我们买房子要房产规划，想让孩子有更高的学历就要有孩子教育规划，想让自己养老有尊严，就要有养老规划，想让自己的资金保值增值，不缩水就要有投资规划，想让自己的财富不缩水，且合理传承，就要制定合理避税规划等等。如果没有合理健全的理财规划，今后想让自己的资金不受通货膨胀的影响而贬值缩水恐怕很难，也无法做到财务安全自由，生活平衡。

你一定经常听到这样一句话："钱别老摆在银行，再摆着就缩水了。"这句话的意思是，如果我们存款的回报率抵不过通货膨胀，那么钱真的是缩水了。既然如此，有些人便开始担心，那我该投资什么呢？于是四处探访哪里投资回报好，打算把钱往那搁。正因为人们心里期待着自己能够运用有限的资源，创造最大的财富，所以面对投资才会有所心动，并为不知如何投资而感到困惑。

正确的做法是从简单的一个到两个规划以及三个规划开始，随着自己的财富增加、年龄增加，而扩充到五个规划，甚至十个规划。理财投资的项目首先从投资规划、房产规划、教育规划、养老规划、税务规划等来考虑。

从理财的角度来看，正确的理财规划应该包括四个步骤：一是设定理财目标；二是资产配置；三是投资工具选择；四是投资组合管理。后两项涉及的内容，我们统称为投资规划。由这四个步骤我们得知，投资规划只是理财规划中的一个环节。

有些大富豪，金钱对他们来说只是体现价值的一种方式，他们把很大一部分资产投入慈善和社会公益，例如我们熟知的比尔·盖茨、洛克·菲勒、李嘉诚等，这些人已经达到理财规划的最高境界——体现自我人生价值。当他们拥有庞大的资产之后，便回馈人类社会。然而对于大多数人来说，理财还是完成“小我”的目标要大于回馈“大我”的目标。因此，对于投资和理财，我们仍难免偏颇地反复思考，如何在某一特定阶段让金钱最大化。

我认识一位企业家，生意做得很好，可是股东却没钱分。原因在于他把企业赚的钱，全部拿去买土地、买房子，一共有60多笔投资。在房地产景气的时候，这个方式可以为他带来更多的资产。如果另一波金融风暴来临，而他又几乎将公司所有的现金都拿去投资不动产，那便会有很大的风险。

另外，经常有年轻夫妻在买房时对于地点的选择十分犹豫：究竟该在市区买还是郊区？市区房价高、居住面积小，郊区价格低、居住面积大，如果光从环境和居住面积来考量，郊区可能是首要的选择。但是如果现在你有能力并确认未来投资报酬率潜能最好的地方是市区，买市区的选择是对的，套现率比郊区快。现实却是，许多人想来想去，最后往往还是跟着感觉走：“只要我喜欢，有什么不可以？”

同样，由于投资理财涵盖的内容太多太广，很多人觉得这是一件麻烦又复杂的事，因此干脆抱着“船到桥头自然直，天塌下来当被盖”的态度，随波逐流，放任自己。而另一种偏执的情况就像上述的企业家，很固执地认为，唯有投资某种固定标的才是进行理财的唯一方式。实际上，不论上述哪一种情况，都是很危险的倾向。

因此，进行投资规划时，我们必须要有正确的心态：

（1）我们要知道，多数人的财富都是靠自己努力工作累积的，天上不会掉馅饼，光靠理财规划发财的人少之又少。

（2）设定理财目标是投资规划的基础，内心静不下来，人云亦云，没有目标和计划，你要承担的风险就愈高。

（3）多增加相关的专业知识，或者找到值得信赖的专业人士咨询，让自己在行动前有些参考依据，一味贸然行事，风险太大。

（4）投资不要忘记投资成本，也不能太贪心。要按照规划中的目标和投资产品规律结合在一起实施，免受资金风险损失。

第四章

锻造强大的理财能力

我们应该如何对待自己的财富呢？要有清晰的生活目标，了解家庭或个人的财务收支，即现金流，不单单是靠眼前的收入来生活，而且要知道自己达到目标所要积累的资产数额和社会发展中由通货膨胀而使资金缩水贬值的数字，由此，我们要提前做好准备和预防。

学会看懂财务表格

理财，要学会看懂财务报表。通常人们认为学会看财务报表是企业会计的工作，这种说法在过去没错，正如过去人们认为开车那是司机的事一样。可是当今随着时代的变迁、经济的发展，由于工作或生意的需要，许多白领、企业老总和富裕人群都有了自己的车，也当上了司机，每天自驾车出行。学习驾车是工作的需要，而现在学会看财务报表也是信息时代的需求，是管理好个人资产的首要因素。一个不懂资产与负债关系的人，怎么能使自己的资产逐渐增多呢？

无论是社会自由人，还是公务员，或者是刚走向社会的大学生，只要在社会上工作都要懂得财务知识，要懂财务报表，会填写财务表格，平日要养成记账的习惯。就像现代人学会电脑一样，这是当今社会人具备的一项竞争能力。

有些企业老总也许会说，企业有会计，我不怕我的企业亏损，他会及时通知我。没错，企业账是如此，但是我要讲的是个人家庭账目，一个非常成功的企业家或是成功的投资家，企业账要和个人账分开管理，个人要有一本非常明晰的财务账目，同时会看懂资产负债表和利润表，或者你委托你家人当你的财务好管家。

因为，我们现在的生活品质和20年以前，与上一代人的生活品质大不一样，上世纪五六十年代出生的人处在计划经济时期，收入甚少，挣的钱仅能维持家中吃穿，其他没什么花销。因此，过去也用不着财务账目，每月的收支很简单，一分钟就说完。另外，还有一个最重要的因素，房子是单位分的公租房，租金很低，生活物品非常简单，物价比较稳定，养老金有保障。

而现在已经是市场经济信息时代，物质极大丰富，人们的生活品质提高，需求增大了，家中的物品也逐渐多了起来。然而市场物价受通货膨胀影响，逐年增长，自己手里的钱越来越不值钱。所以，懂得财务知识，学会看财务报表势在必行，是人生必经之路。

在当今经济生活中，每天要与金钱打交道，与物价相碰撞。由于通货膨胀的因素及许多不确定情况的发生，今年买的物品和明年买的物品，由于价格浮动致使个人资金的使用价值相差很大，再由于所投资的产品不同，选择的时间段不同，使个人的资产也会增值或缩水。因此，了解资产、负债、现金流是十分必要的，直接关系到个人的资金是否能抵御通货膨胀而不贬值，甚至能保值增值。

当今，我们要管理好家庭与个人财富，看懂财务报表，首先要了解资产、负债、现金流的定义和作用。

资产是什么？能够兑换现金价值的物品即是资产，也可以说，是投资的产品或工具中的现金数额，包括金融资产和实物资产。金融资产包括银行存款（活期、定期）、基金、股票、黄金、外汇、期货、信托等；实物资产包括房产、汽车、商铺等。

现金流是什么？即平日所支出的或投资出的金额。现金流的正确使用关系到你的资产的增多或减少，以及负债额的减少或加大。掌管好现金流需要日常有正确的理财习惯。正确的理财习惯来源于计划及对投资产品的认识和了解。

负债是什么？借款、贷款（银行或民间、个人）都是负债。

那么，到底如何看懂财务报表呢？首先了解财务报表中有哪些项，它们都是什么关系，它会对你的生活有什么影响？下面介绍如下两张简单的表格，见表 4–1 和表 4–2。

表 4–1　资产负债表

资产（万元）	负债（万元）
现金	房屋贷款
银行存款	信用卡借款
股票	个人借款
债券	
基金	
黄金	
房产	
资产合计	负债合计
	净资产（资产 – 负债）

从表 4–1 中可以看出，资产是有价值产品的组成，负债是向银行或个人借的款。而净资产才是你自己的良性资产（实有资产），是你真正的个人财富。净资产多与少，即资产大于负债，决定着你的财务风险度，家庭经济是否稳定；如果负债大于资产就证明你的财务存在一定风险，那么你就要用一些抵御风险的渠道来补救。这就如同我们驾驶汽车一样，没有刹车，没有安全气囊，途中出现意外情况时，事故就会发生，同时我们就会有生命危险。

财务报表的作用就是这样，负债要和资产平衡。净资产有多少合适，与我们的收入能力和渠道有直接关系，除了表 4–1，还有另一张财务收支（现金流）财务报表。

表 4–2　　财务收支（现金流）表

收入（元）	支出（元）
工薪收入	通讯费
利息收入	物业费
房租收入	衣食住行费
分红收入	人情往来费
其他收入	子女教育费
	保险费
	赡养老人费
	其他费用
收入合计	支出合计
收支余额（净现金）	

以上这两张表很简单。每天我们都要和收入支出打交道，每月收入，每时支出都在发生着，如果将它记录在财务收支表上，我们就会清楚地看到，月底盈余还是亏损，通过财务收支表的现金流数字，提醒自己在哪些方面应该开源，哪些方面应注意节约。如果每月没有节余，那么资产就不会增加，资产不增加就会影响你的人生目标。也就是说，你想买车、买房，为孩子积累教育经费，供孩子完成大学、硕士或更高学位，或者说你正在还房贷车贷，那么日常的收支现金流表对你非常重要。如果每月没有节余，那么你今后的目标难以如期实现。

因此，财务收支表是家庭经济的晴雨表，它清楚地反映了你的财务状况，假如财务出现困境，你会在下月收支中采取一些开源节流的方法，不仅是节支，还要在开源上找出路。

尤其是当社会新人走向工作岗位后，承担着许多家庭责任，由单身变为二人家庭，由二人变为三口之家，在这样一个过程中，就要准备一大笔钱来保证日常的生活，那么就要从源头上做起。当你树立了人生目标后，要学习一些财务知识，懂得掌控财务收支，清晰资产负债表，这样，你就会在人生各阶段努力开源，去提升自己的能力，包括寻找第二份兼职，同时，在支出上也会有所节制。这样你就能掌握家庭财务的良性循环，使财务能够做到安全自由，实现幸福无忧的人生目标。

风险投资类型和承受能力评估

我们每个人都属于不同的风险投资类型，即冒险型、进取型、稳健性、保守型四种之中的一种。下面是风险能力测试表，它是我们投资中的必要关键环节，如果对个人风险能力测试这个步骤省略了，将使我们的资金陷入高风险的漩涡中。见表 4–3 和表 4–4。

表 4-3　主观因素（风险偏好）

能承受金钱损失波动范围	–10% ~ 20%	–5% ~ 10%	0 ~ 5%
客户风险偏好	高	中	低

表 4-4　客观因素（风险承受能力）

客观状况	年龄	职业稳定性	家庭收入结构	学历
风险承受能力	年轻者可承受风险大	职业稳定者可承受风险大	来源越分散，可承受风险越大	学历越高，可承受风险越大

用以上表中的指标来衡量，才能看出能够承受投资高风险或低风险。

下面有一张问卷，我建议读者耐心地填一下，对照以上主观和客观因素的标准，从以下测试中可以看出个人的风险投资类型，今后可作为投资的参考依据。

风险承受类型问卷测试

1. 您目前所处的年龄阶段：

☐ 28~35 岁

☐ 18~28 岁

☐ 36~45 岁

□ 46~55 岁

□ 56 岁以上

2. 到目前为止，您已经有多少年投资经验：

□ 10 年以上

□ 6~10 年

□ 3~5 年

□ 1~3 年

□少于 1 年

3. 您预期的投资期限是：

□ 10 年以上

□ 6~10 年

□ 3~5 年

□ 1~3 年

□少于 1 年

4. 您的家庭目前全年收入状况如何？

□ 50 万元以上

□ 30 万 ~50 万元

□ 15 万 ~30 万元

□ 5 万 ~15 万元

□ 5 万元以下

5. 一般情况下，在您的家庭年收入中，可用作投资或储蓄的占比？

□ 50% 以上

□ 35%~50%

□ 25%~35%

□ 10%~25%

□ 0%~10%

6. 您投资的主要目的是什么？请在以下答案中选择最符合您的一个描述：

□关心长期的高回报，能够接受短期的资产价值波动。

□倾向长期的成长，较少关心短期的回报以及波动。

□希望投资能获得一定的增值，同时获得波动适度的年回报。

□只想确保资产的安全性，同时希望能够得到固定的收益。

□希望利用投资以及投资所获得的收益在短期内用于大额的购买计划。

7. 以下哪项描述最符合您对某项投资在未来 1 年内表现所持的态度？

□如果发生亏损，我并不在乎

□我能承受 25% 以内的亏损

□我只能承受 10% 以内的亏损

□我几乎不能承受任何亏损

□我需要至少获得高于一年定期存款利率的收益

8. 以 3 年的投资期限来说，如果与股票市场整体的表现相比，您希望您的投资：

□超越股市整体增长的 30% 以上

□超过股市整体增长 10%~30%

□与股市保持同步增长

□略微滞后股市整体的增长

□无所谓

9. 目前有一个 200 万元的投资项目，但有 50% 的可能盈利 100 万元，同样也有 50% 的可能损失 50 万元。您会进行这个投资吗？

□当然会

□可能会

□也许吧

□可能不

□无所谓

10. 如果您拥有 50 万元用以建立您的投资组合，您认为下面哪个投资组合最具吸引力？

□低风险投资（如存款、国债、货币市场基金）、一般风险投资（如银行理财产品、债券、债券基金）、较高和高风险投资（股票基金、信托、股票、期货及外汇交易等）的比重分别为：5 ∶ 15 ∶ 80

□低风险投资、一般风险投资、高风险投资的比重分别为：10 ∶ 30 ∶ 60

□低风险投资、一般风险投资、高风险投资的比重分别为：30 ∶ 40 ∶ 30

□低风险投资、一般风险投资、高风险投资的比重分别为：60 ∶ 30 ∶ 10

□低风险投资、一般风险投资、高风险投资的比重分别为：80 ∶ 15 ∶ 5

11. 根据您以往投资的经验，当有相当部分资金被分配到高风险的股票或风险较高的其他投资项目时，您通常：

□比较放心，很少关注

□关注，但不焦虑

□比较关注，有点焦虑

□非常关注，比较焦虑

□极度关注，非常焦虑

12. 假设现有以下几个投资品种，您必须并且只能选择其中的一个进行投资，那您会选择哪一个？

□年化收益率可能在 30% 以上，同时本金也有可能亏损 30% 以上

□年化收益率可能在 20% 以内，同时本金也有可能亏损 20% 以内

□年化收益率可能在 10% 以内，同时本金也有可能亏损 10% 以内

□本金保证，年化收益率在 0~8% 之间

□固定年化收益率为 4% 的产品

根据以上每道题的选择就能测试出你在四种风险投资类型中属于哪种类型，从而掌握投资产品的属性，也就基本能确定投资的方向。

具体来说，投资的要素是你愿意承担的风险，并力求的最高收益。你的风险承受度取决于三方面：

（1）备用金的需要。

每个人、每个家庭都应有一笔备用金以防不测之需。你的家庭负担必然会影响你怎么用钱，怎么储投，并决定你需要多少备用金。

你对风险的承受能力取决于你有没有可以冒风险的钱，以及在某一特定的风险下，你希望取得怎样的收益。如果你输得起所投的资本，生活不会因此而受影响，那么投资要看预期收益率的高低决定；如果你输不起这笔钱，预期收益率无论有多高，都不应该冒险投资。

假如有两项投资，第一项，你有 1000 元投资，有可能赚 10000 元，也可能损失 1000 元。由于你损失得起，便决定投资。第二项投资， 最低额为 10 万元，你有可能赚 100 万元，也可能全军覆没。这两项投资的机会均等，但你不得不放弃第二项投资，因为你损失不起 10 万元。

（2）投资时间长度。

你能够投资什么，还要看你什么时候需要钱用。股票、债券、黄金随时可以卖掉，但房地产、合伙基金的股份，不上市公司的投资，以及宝石、古董则一时未必能找到买主，变现性较差。

再者，你想出售证券时，市场行情说不定正好下跌。比如你买了一家公司的股票，指望半年后买房子时卖掉。如果那时股价正好下跌，你买房子的计划就会受到影响。又比如你买了为期 10 年的国库券，等到第五年时需要钱用，那时因利率上升而债券价格下跌，就会给你造成损失。

两年内需用的钱，应该储投开放基金（选保值类型）或短期债券；三四年内需用的钱，应该以储投中短期债券为主；五年内不用的钱，才可以作股市或者股票型基金投资；十年之内不用的钱，方可作房地产之类的投资（不包括特殊行情）。

（3）你的心理特征。

一个人对风险投资的态度，往往不同于他对其他事物的态度。比如饮食上爱尝新的人，投资上未必愿意尝新；运动方面爱冒险的人，投资上未必喜欢冒险。有的人能处变不惊，对股市的短期波动沉得住气；有的人一有风吹草动就心神不宁。爱冒险者，追求人生的成功和财富；害怕风险者，追求生活的平安和幸福。

假如一个三口之家，孩子 8 岁正上小学三年级，要上大学还需要 15 年，那么孩子教育是长期目标，如果是保守型的或者稳健型的风险类型投资者，就应该选择安全的、风险小的投资产品，如债券型基金、定期存款、保险；如果孩子的父母是冒险型的，那可以选择股票或股票型基金及信托或黄金；

同时，选择股票时，要了解发行股票的公司其成长性和绩效等因素，当然，投入后也要定期关注此股票的走势。

爱冒风险者较关心经济动向，较喜欢阅读有关理财投资的书刊，较有自信心，较敢投资收益高的企业。害怕风险者宁可收益低些，但求安稳。一个人的风险承受度不是一成不变的。随着年龄的增长和环境的改变，冒险的程度也可能会发生变化。

你必须了解的投资法则

“世界上有没有稳赚不赔的投资秘籍？”现在常常听到这样的问话。在投资中，很多人拼命追求获利，竭尽全力打听优质股票，想要得知内线消息，不过结局可想而知，大多以认赔出场。因此我可以肯定地说，投资跟学习一样，虽然有一套方法可供学习，但这些方法大多数都是以劝投资人稳健安全至上，几乎没有人能说出保证稳赚不赔的秘籍。其实，只要我们稍加思索便明白，如果世上真的有稳赚不赔的投资秘籍，那些所谓的投资专家何必再抛头露面和大家分享经验呢，他只要把秘籍留着自己赚钱，很快便可以成为享誉世界的大富豪。

投资是一门学问，更是一门艺术。要想真正掌握投资中的门道，不仅需要了解投资相关知识，还要掌握不同的投资工具，另外需要一定的运气。所以，即使是最优秀的投资大师，能传授给我们的也只是投资工具操作中的一些技巧，而这些技巧往往也只能在特定的环境下使用，一旦市场发生变换，就很有可能“水土不服”。所以，这个世上没有绝对“正确”的投资法则，由于金融市场变幻莫测，个人投资属性以及风险承受能力也各有差异，投资的有效范围必然也会不同。如果我们在投资中盲目地听从所谓投资专家的意见而不假思索变通，当然不能应对瞬息万变的经济环境，最后以失败告终。

很多人以为投资基金比较保险，但因为对市场不了解，就一窝蜂地盲目抢进，别人推荐他买什么他就买什么，结果收益好的话万事大吉，万一收益不好，就不停地怨天尤人。殊不知投资专家挑选股票作为基金的投资标的，是不可能保证一定会赚的！如果你连自己买的是什么都不清楚就想赚钱简直是天方夜谭！

尽管如此，作为普通投资者在进行投资之前，依然要尽量多学习一些投资知识，掌握一些万变不离其宗的经验法则。这些法则不管市场怎么变化，都是可以反复验证并要遵循的。谨记这些投资法则，然后根据市场的情况选择最适合自己的投资方式，会让你在投资的过程中更容易达成心愿。

电视剧《聪明的空空》里面有个名字叫空空的小和尚，才智过人。虽然寺院里有口水井，但他的师傅为了锻炼他的意志，磨炼他的耐力，天天让他去山下挑水。他开始纳闷，也很奇怪师傅的作法。后来，他内功高强后，他才明白师傅的用意。急躁的年轻人忍不住跟师傅抱怨，师傅告诉他：“你连基本功都没做好，还奢望进入下一阶段吗？”

投资理财也是一样，首先将简单的操作基础学会，然后再去投资快速赚钱。

投资法则一：入市有风险，投资须谨慎

任何投资都是有风险的。所以在投资之前必须要对自己的资产负债和现金流进行详细的分析，确保自己有一定的投资基础，而不会出现万一投资失败就会倾家荡产，甚至负债累累的情况。对于经济状况不太好而且有负债的个人和家庭，一定要遵循理财规划的原则，量入为出，以储蓄为主，切不可盲目投资，把自己陷入经济危机之中。

那是不是说只要手中有一定的闲钱就可以放心大胆地进行投资了呢？答案是否定的。对于手中有钱准备入市投资的人来说，更要谨慎小心。因为如果没有掌握一定的投资技巧，并且不具备良好的投资心态就盲目投资的话，很容易被市场套住而焦躁不安，从而影响生活质量。那么，怎样才算是不盲目投资呢？重点就在于先全面研究自己的资产负债状况，再选择保守、稳健的投资方式来逐步增加财富。

投资法则二：选择适合自己的投资工具

对于手中拿着钱准备投资的人来说，最难的莫过于选择投资工具。我们不停地问自己："到底是投资基金还是投资股票更赚钱？""到底A股会涨还是B股会涨？"这类问题不停在脑中打转，让我们犹豫不决。

事实上，投资工具并没有好坏之分。就像世上没有稳赚不赔的投资秘籍一样，世上同样没有稳赚不赔的投资工具，关键在于我们所选择的投资工具适合不适合自己。

在四川讲课时，有的学员向我咨询他投资房地产到底行不行，接着我问了他几个问题："你投资房地产赚来的钱用来做什么？你的资产到底有

多少？你打算投入多少资金在房地产上？”接下来再考虑的问题就是：“你到底想买哪一个城市的房地产？要买哪一个区段的房地产？要买大马路交通繁忙的市中心还是政府机关与学校集中的地段？要买大厦、公寓还是店铺？”最后我要了解的问题还有：“你知道房地产目前的涨势如何吗？是已经处在景气最热的阶段？还是处于景气的低谷？”

因此，在投资之前，先把这几个问题弄清楚之后再去投资，就比较容易获利了。

投资法则三：提高风险辨别能力和防控意识

我见过很多投资者在投资市场中盲目追求高收益，甚至抱着一夜暴富的心态冲动投资，置风险于不顾。他们想的往往是“舍不得孩子，套不住狼”，殊不知，因为缺乏风险辨别能力和防控意识，结果“赔了夫人又折兵”。

任何投资者在进行投资之前都必须考虑风险因素，因为高风险伴随高收益，风险会让我们遭受损失，收益才是我们要的结果。我们经常看到投资专家建议投资者根据自己的年龄、投资的属性持多少股票、多少基金以及多少债务等，实际上这就是一种防范风险的措施。如果我们只考虑收益而忽视了投资风险的评估以及个人风险承受能力的评测，那么，当风险来临时或购买的投资产品不断下跌时，就会使我们遭受巨大的经济损失和精神损失。

一般来说，投资人在购买投资产品之前应该确定三件事：一是这种产品一旦出现风险是否能够确保本金不流失；二是这种产品的收益是否在你可以接受的范围之内；三是这种产品是否与其他金融产品挂钩。如果这三个答案都在你能够承受的范围，那么这项投资产品就可以考虑购买。

投资法则四：赢得起也要输得起

一些风险承受能力较低的投资人往往赢得起却输不起，赢的时候欢欣鼓舞，可是一旦价格下跌就失去了风险控制能力，甚至一次危机就可能输掉全部，严重影响生活质量。还有些投资人在股票、基金被套牢时，“阿Q式”地安慰自己：“就当作长期投资吧。”结果不但无法从投资中获利，而白白被市场套住了一笔不能动的资金。

所以，在进行投资的时候最好对自己的风险承受能力进行科学评估，明确自己能够承受的损失底限在哪里，同时也要考虑，如果失败，自己是否能够输得起。为了降低投资风险，在实际投资中，可以先投入一小部分的资金，然后根据市场情况再慢慢注入资金，一旦出现风险并且觉得自己无法承受的时候，就要果断止损，以保住本金为首要选择。

在投资的过程中，要调整好心态，不要让贪婪、恐惧等心理影响对市场的判断。只有心态平和，你才能冷静地从市场变化中找到获利的窍门。

投资法则五：不要因投资而影响生活质量

在生活中，我们经常会遇到一些突发事件急需用钱的时候，所以，千万不要把所有资金都放在高风险的投资上，万一事与愿违，你就很有可能陷入经济危机之中，连基本生活都出现问题。

赵本山曾经做过广告“谁用谁知道”的辽宁一家“蚁力神”酒公司，因为民间集资（投资养殖蚂蚁）开始获利很高，后来经营到五年后产品销路不畅，导致百姓投资的钱不能全部返还，最后涉及法律上的问题，这家企业被查封，百姓投资的钱打了水漂，造成一些家庭生活拮据，财务出现危机。

虽然资金的闲置并不符合理财规划的理念，但我们还要有一笔能够应急的资金，以免在风险来临的时候不会影响我们的投资计划和生活正常开销。按照理财的原则来说，紧急备用金需留出一至六个月生活费，作为失业等意外或突发状况的应急资金存储在银行。

一般来说，在投资理财中为了确保财务安全，生活无忧，都要遵循“3421法则”。即把收入的30%用于投资，40%用于家庭生活开支，20%用于银行存款以备应急之用，10%～15%用于购买保险。当然，具体如何设定还要根据自身经济状况以及理财目标进行具体安排。

第五章

子女教育金与养老金筹备

犹太人曾说:“人们不是规划失败，而是失败于没有规划。”通货膨胀了，手中的钱怎样才能保值？怎样筹措子女的教育经费？养老的钱从哪里来？光靠薪水，这些问题只会让你越来越焦头烂额！会赚钱是好事，会理财是大事。一生中无数的财务问题，要怎样通过理财，才能让你后顾无忧？

一、子女教育经费积累

作为父母都有让孩子成才的梦想，但是这一梦想的实现必须建立在一定的经济基础之上。据统计，教育费用已经占中国城市家庭支出的35%。为了孩子将来能够成才，中国的父母似乎从未吝啬过金钱的投入。但是，很多父母在这方面的投入都是盲目的。由于缺少规划，不但使孩子从小养成了错误的金钱观，而且等到孩子需要大笔教育经费的时候可能会使家庭陷入严重的经济危机。因此，子女教育经费的积累必须尽早做好规划和统筹，以免出现措手不及的状况。

子女教育经费储备越早越好

如今刚刚结婚的年轻人，首先考虑的往往是房子、车子，而有了孩子后，孩子教育金的积累问题就会被放在首位，其他开销则居其次。中国人民银行调查数据显示，我国城乡居民储蓄的目的中，子女教育费用排在第一位，位列养老和住房之前。有人曾做过计算，目前养育一个孩子到其大学毕业的直接成本已经超过 50 万元人民币。

我的一个朋友汪先生夫妇都是外企职员，两人的月收入加起来近两万元，儿子虽然刚满两岁，但夫妇俩就已经开始操心孩子未来的教育计划了。虽然说孩子的教育开支是在十多年后的大学阶段才比较大，但是他们发现以他们现在的收入来看，如果不好好进行规划，十几年后恐怕很难负担起儿子将来出国留学的费用。因此，他们正考虑如何为儿子储备足够的教育经费。

1. 及早安排教育经费计划

子女教育经费计划是整个家庭财务计划中的重要一环。为了确保子女得到最好的教育，像汪先生夫妇那样提早做好安排无疑是比较明智的选择。这样不但能减轻将来的负担，确保子女到时候专心学习，而且其他个人计划（例如退休）也不会因为要应付教育费用而受影响。

如今，通货膨胀、物价上涨等因素正在让家长为孩子辛辛苦苦攒下的教育金不断地“缩水”。如果不理财，只是简单地把钱存入银行，家长很快会发现，十几年后子女教育经费仍然存在很大的缺口。只有每年理财的收益超过通货膨胀率，教育经费才谈得上保值和增值。所以，为子女安排教育经费计划应该越早越好，它可以带来以下好处：

（1）资金随时间复利增长；

（2）教育经费充足，子女可选择的余地更大，子女教育计划妥善安排好，考虑其他计划资金可留有余地；

（3）子女在没有欠债的情况下完成学业。

2. 子女教育经费的估测、积累时间

俗话说：穷什么不能穷教育，苦什么不能苦孩子。作为家长，谁都希望自己的孩子早日成才，少吃苦。许多家长认为最关键一条是学业方向的选择。让孩子念大学还是出国念研究生，还是攻读博士？这是萦绕在许多父母头脑中的大事，同时也是考量一个家庭经济实力的标志。

但是，中国目前的教育费用状况和就业前景并不太乐观，这让许多家长忧心忡忡，不知如何是好。让孩子出国吧，花费了家中的大部分积蓄，还担心回国后找不到理想的工作；不出国吧，害怕孩子不自立，将来也没有出路。

其实，无论孩子是出国念书还是在国内念书，我们首先要了解孩子在人生各阶段完成学业中的费用支出现状，以及作为家长的资金要如何筹集。我们来看看下面一位IT行业的36岁白领刘经理给他的儿子准备的教育金明细表，也就一目了然了。见表5–1。

表5–1　　子女教育经费一览表

小孩现在年龄	6岁
距离上大学年龄	12年
距离上研究生年限	16年
距离海外留学年限	18年
学费成长率	4%
现在每年大学学费——现值	15000元

续表

每年大学学费——未来值	24015 元
预计读几年	4 年
大学学费总额——未来值	101981 元
现在每年研究生学费——现值	50000 元
每年研究生学费——未来值	93649 元
预计读几年	2 年
研究生学费总额——未来值	191044 元
现在海外留学费用——现值	200000 元
海外留学费时间	2 年
海外留学费用——未来值	826533.14 元
海外留学费用总额——现值	405163.30 元
必须准备子女教育基金总额	1119558 元
预期投资报酬率	8%
一次性投入	699272.69 元
每年投入	74509.02 元
每月投入	6070 元

从以上表格我们看出，如果从 6 岁开始确定孩子的学业方向，供孩子大学毕业需要十多万元，读研究生需要 19.1 万元，送孩子出国需要 82.7 万元，总计需要近 112 万元。也就是说，从孩子 6 岁开始，家长对教育储蓄的投入必须保证每月 6070 元，或者每年 74509.02 元。

所以，孩子的成才计划要从小做起，就白领刘经理来讲，从孩子 6 岁起要准备 18 年的教育金，而且要有显而易见、具体实施的财务计划，将资金投放到正确渠道，才能有希望实现家长望子成龙、望女成凤的梦想。

教育经费积累的渠道和工具

随着孩子的年龄增长，学费也是越来越高，这是萦绕在年轻父母头上的大事，由此感觉生活的压力越来越大。本来就是工薪收入不高的阶层，孩子的教育经费又新增了一笔不小的开销，想给孩子准备一笔教育基金，不知道该如何开源节流，打理财务。下面我就向大家介绍一些教育经费积累的渠道和工具，供大家实际操作时参考。

1. 教育规划工具有哪些？

由于教育经费积累是一个漫长而稳定的投资过程，所以除了常用的财务投资工具之外，还有一些特有的教育投资工具。

（1）个人教育储蓄。

国家为了鼓励家长早点开始积累孩子未来的教育金，特别设立了教育储蓄项目，凡在校就读的小学四年级及以上的学生，为应付将来上高中、大学等非义务教育的开支需要，都可以在其家长的帮助下参加教育储蓄，享有免征利息税、优惠利率（即使存款人采取的是零存整取的储蓄方式，其存款利率仍然按定期存款利率计息）等优惠政策。

办理教育储蓄须凭储户本人户口簿或居民身份证到储蓄机构以储户本人的姓名开立存款账户，并约定每月固定存入金额，存期为1年、3年、6年，最低为50元，最高为2万元，可一次性存入，也可以分次存入或分月存入。

教育储蓄到期支取时，储户须凭存折和学校提供的正在接受非义务教育的学生证明一次支取本息。逾期或无法提供证明，则按活期利率计息，并不享受教育储蓄的优惠条件。

（2）教育保险。

一般来说，孩子从一出生开始到其 14 岁都有资格投保教育保险，然后从孩子上初中或高中开始，获得保险公司分阶段的现金给付。

（3）教育信托基金。

这类基金由家长购买，受益人却是子女，不过子女在成年之前对这笔资金并没有支配权。家长在投资这类基金之前，必须按照有关法例将资金转到子女的名下，这样才能保证将来的收益用于子女的教育。有的信托基金的收益可以在子女考上大学之前每年支取，但有的不允许。如果子女未能上大学，那么基金的收益就会按照合同的规定转为该子女的房地产或其他资产。

2. 你是什么风险承受类型？

在教育理财规划的制定过程中，家长首先要考虑风险。孩子在不同的年龄阶段，由于开销大小不同，家庭面临的风险也不同，家长必须根据这些来进行教育理财规划。比如说，在义务教育阶段，孩子教育带来的经济负担相对较轻，家长的风险承受能力就相对较强，可进行一些风险投资。而到非义务教育阶段，孩子的教育费用越来越高，给家庭带来的经济负担也越来越大，家长就应该增加保障型投资工具，不宜选择高风险投资。

此外，教育经费是个长期投资的过程，但也不是所有人都适合投资同一金融产品，就大众化来讲，大家可以依照自己的风险承受类型来选择。

冒险型的人，可选择增长型的股票及基金并随着收入增加而调整投资金额。长远而言，股票可提供较高回报，但应有心理准备面对较高的波幅，如股价下跌，也要有足够的耐心等股价重新上涨。不过，教育规划并不适合采用股票这种风险太高的投资工具。

稳健型和进取型的人，可以选择偏股型基金和指数型基金以及黄金等产品，如果是保守的人可以选择保险产品和债券型基金、短期政府债券以及货币基金等来积累教育金。

3．“资金分摊法”分阶段投资

采取什么方法进行投资可以有效减少风险，是父母为孩子积累教育金时必须考虑的问题。一般而言，投资可以分为两类：一类是一次性投资，投资者需要准确地掌握市场走势，判断最佳的“入市”时机；另一类是以“定期供款”形式投资，这种方法依赖既定的投资策略及机制。

面对现今社会的瞬息万变，要准确分析市场情况并且做出正确的投资决定非常不容易。若决策错误，可能损失不小。因此，如果投资者对市场走势没有一个比较肯定的预测，分段入市、降低风险不失为一个好的办法。

而就“定期储投款”而言，投资者可以通过定期、定额及持续的投资，达到储蓄或其他理财标准。这种方法的好处是，投资者可以用“资金分摊法”来降低投资风险和日常生活压力成本，而且无需为寻找“最佳入市”时机而伤脑筋。

“资金分摊法”就是运用有效的机制，自动为投资者在“低价”时购入较多的投资资金，而在“高价”时购入较小的投资单位。若持之以恒，投资者的平均成本将会较低。实践证明，采取“资金分摊法”不失为一个好的方法。

高财商才是孩子最有价值的资产

2011 年中国首份财商指数报告中指出：中国人财商指数高达 60.1，且现在城市居民 90% 以上的人关注投资、房产、股票这样的信息，然而 90% 以上的大学生对于财商、理财几乎没有概念，但对于各种消费产品却非常熟悉。可见，中国孩子财商教育严重缺失。

现在很多父母一方面为了让孩子得到最好的教育想方设法地挣钱、攒钱，另一方面却又为孩子花钱无度而无可奈何。结果是，无论父母挣多少钱，省下多少钱，都不够孩子花的。这就提醒我们，对孩子进行财商教育刻不容缓，让他们养成良好的消费习惯，学会理财之道，培养正确的、朴实的财富观，将是孩子一生的财富。

古人云，授之以鱼不如授之以渔。给孩子再多的钱，也不如提高他们的财商，让他们自己拥有独立的赚钱理财能力更好。所以，对于盼望孩子成才的家长来说，教育规划除了需要准备好足够的资金之外，还需要对孩子进行财商教育，以提高孩子创造和保住财富的意识。一个人的赚钱能力无论有多强，家庭存有多少钱，但如果不懂得如何处理和金钱的关系，同样不能获得幸福。高财商必须从小培养，对于孩子来说，这才是父母给他们最有价值的财产。

虽然有些父母已经意识到财商教育的重要性，但他们却不懂得如何对孩子进行财商教育，而是一味地强调省钱，结果适得其反，不仅导致孩子的生活质量极度下降，而且扭曲了孩子的金钱观。

那么，应该对孩子进行怎样的财商教育才是正确而适时的呢？下面我向大家介绍几个对孩子进行财商教育的小方法：

1. 教孩子“认识”钱

钱币的外形、价值各不相同，让孩子正确认识钱，懂得不同的钱有不同的价值，是对孩子进行财商教育的第一步。

吉姆·罗杰斯是国际著名的投资家和金融学教授，曾经被巴菲特称为“对大势的把握无人能及”的投资大师。他对两个女儿的财商教育就是从认识钱开始的。

他送给女儿最多的礼物是存钱罐，然后教她们在不同的存钱罐中放不同的钱币，比如一个放美元，一个放欧元，一个放人民币等。让她们很早就认识不同国家的不同货币，同时拥有不同的货币之间汇率会不停变动的概念。

另外，他要求女儿必须用自己的钱购买东西，培养她们认识花钱和存钱之间的关系。有一次，他的大女儿发现妹妹存的钱比自己多，很不高兴。罗杰斯就告诉她，你刚刚用自己的钱买了芭比娃娃，所以存下的钱就比妹妹少了。从那之后，大女儿就开始积极存钱了。

2. 让孩子“拥有”钱

很多父母在孩子认识钱之后，就开始刻意剥夺他们拥有钱的权力。一般，父母平常都会给孩子一些零用钱，而逢年过节的时候，孩子也会从长辈手中得到不少红包，可是大多数父母都认为孩子太小，还不懂得如何花钱，为了避免他们浪费，就以“爸爸妈妈替你存起来”为借口，强制性地把孩子手中的钱全部收回。久而久之，孩子即使长大了也不会花钱，要么什么都不会买，要么过度消费。与其这样，父母不如放手，让孩子真正“拥有”钱，自己去体会一下花钱过程中的各种滋味，父母再旁敲侧击地提醒他们怎样花钱才是正确的，从而培养孩子良好的消费习惯。

3. 让孩子自己赚钱

孩子之所以不懂得节省，盲目地消费，主要是因为他们的钱都是从父母、长辈那里得到的，从未体会过赚钱的辛苦和不易。但是，如果让几岁的孩子出门打工赚钱似乎不太现实。父母可以在日常生活中有意识地为孩子提供一些赚钱的机会，比如给各项家务活定价，孩子每完成一项就可以得到相应的报酬等。这样不仅可以让孩子切身体会到赚钱的滋味，还能够让孩子在获取收入的过程中，初步了解到财富流转的规则，知道父母的钱并不是“从银行取来的”，而是辛苦工作赚来的。

世界500强企业沃尔玛公司的董事长山姆·沃尔顿的家族曾被称为世界上最富有的家族，但是沃尔顿依然坚持对孩子进行“勤俭”教育。

沃尔顿从不给孩子零用钱，而是要求他们自己挣。所以，他的四个孩子在很小的时候就已经开始帮父亲干活了。他们和工人一样跪在沃尔玛商店的地上擦地板，夜间帮忙卸车等。而沃尔顿付给他们的工钱也没有特殊性，而是和工人一样。

沃尔顿的大儿子罗布森·沃尔顿回忆说，父亲让他们把工作获得的部分收入变成沃尔玛商店的股份，在沃尔玛事业兴旺起来之后，他们那些微薄的投资就变成了不小的资本。因此，大学毕业时，罗布森就已经用自己的钱买了一栋房子，并给房子配备了豪华的家具。

4. 教孩子去投资

当孩子手中有了一定的资本之后，父母可以试着告诉他们一些简单的金融知识，并教他们做一些简单的投资。比如说，如何把钱存入银行，定期和活期的收益有什么不同等。另外，当孩子有大笔支出时，可以适度地借钱给孩子，让他有借钱、还钱并支付利息的观念。

平常家长也可以和孩子一起玩一些现在市场上流行的诸如“大富翁”之类的投资游戏，让孩子在玩的过程中了解投资中不能预期的变数和风险，所以必须要适度规划，否则很有可能会面临破产的危险。

富爸爸说：“如果你不教孩子金钱的知识，将会有其他人取代你。”现在各类骗子横行，许多成年人上当受骗就是因为缺乏财商教育，没有正确的金钱观。如果让这些骗子、奸商等人来替你完成对孩子的财商教育，恐怕就要付出巨大的代价。

如今，越来越富裕的生活，越来越宽松的金钱环境对孩子来说并不是好事，如果父母不早点认识到财商教育的重要性和必要性，很有可能会为孩子未来的幸福生活埋下一颗定时炸弹，到时再后悔就来不及了。

二、退休养老金积累

“人活着，钱没了。”可谓是人生一大悲哀。长命百岁是中国传统的一句祝福语，但如今随着“未富先老”的银发危机的出现，如果没有足够的资金储备，长命百岁未尝是一件幸事。只有未雨绸缪，提早做好养老规划，才能应对养老带来的各种挑战。

中国退休金可靠吗？

截至目前，大多数国人百姓还在依赖着国家发给的退休金来度过漫长的退休生活。殊不知，这是一个相当无知和危险的理念。

纵观美国安然公司的破产，给了美国退休人员一个沉痛的教训，他们的退休金连同倒闭的公司一起消失，因为他们的退休金是按照美国 401K 退休计划而设的公司的共同基金。这些失去退休金的老人的晚年，除了依靠政府救济外，就是变卖家当维持生活。同时，美国婴儿潮般的退休人员的到来，使美国政府也无能为力。因为，美国在 2008 年经受的金融危机，使国民经济一度陷入低迷，几十年甚至百年以上的公司接连倒闭，实体经济严重受挫。

我们国家的退休制度是在新中国成立时建立的。当时出生的人，到目前已逐渐达到了退休年龄，已经开始在社会上领取退休金了。但是由于社会统筹保险实施的较晚，国家和企业的退休金积累不足以支付现行退休人员的工资，现在退休人员领取的是社保工资，是当今年轻人支付的。

为什么？因为改革开放，大多数国有企业改制，使众多的国有企业破产、倒闭。为了生存，原来在国有企业工作的员工，在外面打零工干杂活，如街头摆摊修自行车、修鞋，开出租车，开饭店、美容店等，靠这些社会自由职业来维持基本生活。很难想象，这些人一旦失去这样的劳务，失去这份收入，生活会怎么样。而到了退休年龄后，单靠社会保险的收入能保证他们老年生活无忧吗？

同样，在银行工作的一些人员，在2001年开始先后内退或买断工龄，从工作岗位上下来，领取的工资只有一千多元，与当时在岗员工相比，收入差不多。但是十几年过去了，这些工资就显得很微薄了。十几年的通货膨胀已将1000多元贬值到500多元，虽然国家一再调整工资，增加到了3000多元，但是，增加的幅度仍然赶不上物价上涨的速度。而国家社保退休金的国库，到2005年已亏损2000多亿元，且每年以20%的比例在增长。由此推测，现在的年轻人退休以后，将靠什么来维持生活只能是个未知数。传统的居家养老的模式已不复存在了。

《社会保险统筹保障法》将这代人的财务问题转嫁到下一代身上。现在退休人员工资的领取，是从现在年青人每月上缴的社保金额中提取。即便是国家出台了延迟退休这一政策，短短的几年也转变不了明显的养老金危机的状况。而这代年轻人年老后，下一代人口明显减少（由于丁克族、剩男剩女的大量涌现），所以当今中青年这代人的退休养老金同样得不到充分保障。这类社会群体退休后生活来源从何而来？即便是国家发给你生活补贴，那也仅仅能维持生存而已，绝对谈不上生活品质。

那么靠什么保证自己的养老生活质量呢？怎么办？

未雨绸缪是最好的选择。在网络上有一句话："年老的你要靠年轻的你来养活。"说的很现实。我认为，提高财商能力，迅速养成良好的理财习惯，应从走向社会开始就树立正确的财富观，明确人生目标，熟悉财务知识，制定显而易见的理财规划。从点滴做起，实现财务安全自由的目标。只有这样，才能保证你在退休养老时期生活有价值、有尊严。否则，美国出现的退休人员在街上摆摊卖家产的现象就会在中国上演。

展望退休养老生活的现实

北京人现在平均寿命是多少？女性大概是78岁，男性是79岁。网上曾披露过一个数据，香港现在女性的平均寿命已经到了85岁，台湾可能跟香港差不多，日本现在人均女性平均寿命是86岁。联合国预测，到2030年，中国65岁及以上的老龄人口比例将迅速增长一倍至17.4%。

我曾在一本科学杂志上看到这样一段话："现在发明了一种新的药物，通过这个药物可以改造人的基因工程，通过基因工程可以改造人的生病概率。这一项技术就可以普遍提高人的生命10到12年。"试想一下，如果你的寿命延长了，一下子活到99岁，你的生活状况是什么情景？

回顾人生时我们会发现，人生可以分为三个阶段：

接受期，我们从生下来到大学毕业这个阶段。

成长期，要接受父母的馈赠和抚育。大学毕业以后，找工作，努力付出，得到许多收获和专长。

退休期，在中国，大多数人把老年生活奉献给儿女。

第一阶段父母会给你营造许多优越环境；第二阶段，像中青年这个年龄段，都处在经济快速发展期，这一代的人一般会过得较好；第三阶段取决于我们之前所想所做所为。

我们来看国内外先进国家和地区，大多数人对退休都会有很好的预期，但是由于这几年金融危机，有许多国家和地区对退休预估不足。就拿中国台湾、中国香港、新加坡来说吧，都先后出现了严重的退休金问题。以中国香港为例，现在香港几乎80%的人都延迟退休。大家知道是什么原因吗？经济压力太大，因为大多数人年轻的时候没有积累足够的养老金。

有些人说："我到老了也不穿品牌鞋，不必多花钱。"但是到老了你会发现脚变形了，需要穿好鞋才舒服。还有的人说："老了我就天天在家，不用多花钱。"实际上你到老了才发现，人生应该外出旅游才能享受人生。

那么看看旅游要花多少钱。就拿我春节去海南旅游来说吧，本计划包括打折机票在内，两个人支出9000元就够用了，可是，没想到多花了4000多元。春节海南旅游是个旺季，去时容易回来难，在海南为了机票，多住了4天，所以多出了4000多元的开支。这也就是说，有些事情虽然计划了，但是也会出现一些意外的支出。

更重要的是医疗费用。大多数老人医疗费用会急剧上升，而且上升的幅度远非当初预想的。比如说老年看护费用，这在我国目前可能还没有受到广泛关注。生活无法自理的老人住院或者在家的时候，要不要请一个护工来看护？现在大中城市雇一个护工每个月就要支付3000 ~ 4000元工资。

所以说，老年生活中旅游和医疗费用几乎占了生活开支的80%，而医疗费用上涨的速度远远超过通货膨胀、正常工资增加速度。在这个阶段中，一些人被养老所困，一些人被迫延期退休，还有很多人被迫降低生活的标准。

多少钱能够维持晚年生活品质？

既然退休后的生活如此艰难，那么退休后究竟月收入多少钱才能够保障养老生活的品质呢？就目前国际经验来看，退休后的养老金领取水平必须超出退休前工资收入的70%才能够维持退休前的生活水平，如果只有

60% ~ 70%，就只能维持基本生活；如果低于 50%，那么退休后的养老生活水平就会差强人意。

我们国家退休后养老金能拿到多少钱？以北京某企业的王先生为例，他目前平均月薪 4000 元，养老保险已交了 15 年，个人养老金账户 5 万元，现在退休的话，他每个月能领到多少钱呢？

我们按照 2010 年北京市月平均工资 4200 元来计算，王先生每月能领到的养老金是：4300 × 20%+4000/120=1173.33（元）。而如果另一位李先生与王先生一样也是缴纳养老保险 15 年退休，但月薪是 8000 元，个人养老金账户是 10 万元，他的退休工资 =4200 × 20%+8000/120=1506.67（元）。

可想而知，如果我们不愿意退休后降低现在的生活水平，就要事先做好养老金补充准备。我们再来计算一下如果要保证退休后的生活水平不下降究竟需要多少养老金：

所需养老金 = 退休后每月基本消费 × 估计退休后生活年限 ×12

其中：退休后每月基本消费 = 现在每月消费 ×（1+ 每年物价上涨率）的 N 次方（N= 退休年龄 – 现在年龄）

举例来说，如果小王的年龄是 25 岁，估计退休年龄 55 岁，假定退休后又生活 25 年，现在距离退休年龄还有 30 年。

假设他每月基本消费 3000 元，年物价上涨 5%，年利率是 3%，退休后的基本消费（保持相当于现在生活水准）为 3000 × 4.322=12966（元）（备注：4.322 是根据 30 年来累计），退休后再生活 25 年，所需的养老金总额为：12966 × 12 × 25=3889800（元）。

也就是说，25 岁的年轻人要准备的养老金大约是 389 万元，才能在退休之后继续维持你现在的生活水平。

退休养老金什么年龄准备最合适

假如有三个年龄段的人爬山，第一个人是25岁，第二个人是40岁，第三个人是50岁，谁会更轻松更快地到达终点？答案肯定是20岁的人。养老与爬山是一样的，20岁的人往上爬很轻松，40岁的人就很吃力，而50岁的人就很累了。

积累养老金犹如爬山一样，如果到50岁我们发现个人退休金不够的时候，会怎么样？我过去有一个同事，当年40岁，她的办公地点在阜成门，经常开车上班，有时候早上堵车时，她看到有老年人在桥洞下面摆地摊卖一点小东西，都会有很深的感触。她和我讲起此事说，“如果我到老年也这样的话，我做不到像那些人一样在冬大摆地摊。第一，从情感上自己不可能接受，第二，从体力上自己也难以支撑。”我就告诉她，如果你不甘愿像他们那样生活，就必须事先为养老做好准备，积累足够的养老金。她却说自己已经40岁了，太晚了。我就说：“如果到了50岁的时候你发现钱不够，你就真的没有体力，也没有精力了，到那时悔之晚矣。”如果30岁失败了，还可以从头再来，到50岁的时候就不能再重来了。所以，在年轻时我们要从长远的角度来做好规划。

在规划养老过程中，各类资产都有它独特的功能，只有综合考虑，合理组合才能使它们的价值最大化，才能为你带来最好的收益。养老有一个很重要的特性就是不能重来。这是和很多其他方面不一样的地方，比如买房，你不买了，你可以生活；买车，你不买了，也可以生活。但是不能说我不养老了，也不可以说我愿意受穷。所以我们在积累养老金的时候要进行资产配置，投资产品要稳健，既能分散风险，又能保证有充足的养老金。

退休养老的储投越早开始越好，因为时间是投资的朋友，通货膨胀乃是退休者的大敌。即使通胀率一年只有5%，现在的100元，十年后现值也只有60元。久而久之，通货膨胀率将降低退休者的生活水准，将我们的生活推向贫困线。养老金储投得早，就为抵御通货膨胀创造了有利条件。

不过，离退休的年代越远，变数越多，就越难预测退休所需。然而，我们仍然可以根据合理的假设做一番规划。一般来说，养老金开始储投的时间不宜迟于退休前20年，即45岁之前。倘若希望在60岁退休时能积累到相当于退休前工资10倍的储蓄，以便能有一笔养老的资本，则每年应储投工资的百分比如表5-2所示（假设不包括通货膨胀和扣税后的投资净收益率因素3%～7%不等）：

表5-2　每年应储投工资的百分比

投资净收益率	3%	4%	5%	6%	7%
离退休还有年数	应储投工资的百分比				
40年	14%	11%	9%	7%	5%
35年	17%	14%	12%	10%	8%
30年	22%	18%	16%	13%	11%
25年	28%	25%	22%	19%	17%
20年	38%	34%	31%	28%	25%
15年	54%	51%	47%	44%	41%
10年	88%	84%	80%	77%	74%

假设一位35岁的先生离退休还有25年，他选择每年投资净收益率7%这一档，就应将工资的17%用于储蓄投资才能达到这个退休目标（表5-2未将公司退休金和社会保险金包括在内，否则储投量可相应减少）。

我们可根据自己的具体情况制定退休规划。如果退休后打算继续工作，那么目前的储投量则可以适当降低。不过，为了维持退休后的生活水平和退休前差不多，每次加薪后，储投金额也应该适当增加。反之，如果你打算享受一个安逸的晚年，那么目前就必须尽量增加储投量，为退休后的生活准备好充足的资金。

如果发现确实没有办法储蓄更多的钱来达到退休后的收入目标的话，那么也许应该考虑：延迟退休时间或者降低退休生活质量。有些职业退休的人工作经验丰富，可能比年轻人对公司更有价值。

如果允许的话，应考虑以下因素：

（1）退休后继续工作，以增加收入；

（2）降低退休后的消费标准；

（3）改住较小一点的住所。如有条件，可申请反向房屋抵押贷款；

（4）投资不要太保守，应适当地承受一些风险以增加退休储蓄投资的收益。

退休生活要从长计议。尽管每个人的风险承受度不同，由于养老金储投和时间紧密联系在一起，所以，中、青年等储投期长的人可以多做一些风险大和收益大的投资以增加收益率。

富足而退，靠规划

随着人类平均寿命越来越长，长寿可能会变成生命中的一种风险。因为寿命越长，越需要足够的财富，否则晚年难享安逸、富足的生活。就目前中国的社会现实来看，中等收入阶层都是社会的中坚阶层，年龄大部分在35到45岁，离退休的时间只有一二十年，应尽早考虑退休问题。

退休准备有两项重要内容，一是财力上的准备，二是身体上的准备。从财力上看，应对退休不是单纯的财富积累，而是要根据个人的实际情况，设计一个完善的退休规划，以确保退休后的生活无忧。

制定退休规划首先要确定目标，即何时退休，希望享受哪种生活方式等。然后，计算要完成这个目标，退休后大概需要多少费用。接着，根据自己目前的财务状况预测一下自己还需要准备多少资金。最后，在此基础上调整储蓄、投保及投资计划，制定合理的退休理财规划。

在这个过程中，最重要的一环恐怕就是对退休后收入的预测。一般来说，目前我国退休人员的收入主要有以下几个来源：一是国家给付的养老金，这部分收入能负担个人退休总费用的1/3，实际上，由于多种原因，很可能达不到这么高的比例；二是企业年金和个人储蓄养老计划；三是子女养老。

目前的情况是，由于种种原因，中国政府养老退休金远远不能起到人们退休后的生活保障作用，而企业年金和储蓄养老还没有发挥其应有的作用，至于子女养老更不可靠。对于未来处于"夹心饼"位置的独生子女来说，一对夫妻要抚养一个孩子、四个老人显然已经压力重重，很难再为父母提供较好的老年生活品质。由此可见，只有通过个人投资理财来获得退休规划中所需的大部分资金才是最可靠的。

以33岁的李先生为例。他是北京一家企业的高级管理者，年收入20万元，他希望理想的退休年龄是55岁。首先，看看以下养老金的测算表，见表5–3：

表 5-3 李先生退休养老金测算表

现在年龄	33 岁
预计退休年龄	55 岁
距退休年限	22 年
预计生命长度	80 年
退休后生活年限	25 年
退休后每月生活费——现值	20000 元
预期通胀率	3%
退休后每月生活费——未来值	38322.07 元
退休后生活费总额	16766332.96 元
退休后净投资报酬率	2%
退休后生活费总额——折现值	10219597.52 元
已有退休后每年年金准备	5000.00 元
退休后每年年金总额	160151.50 元
已有退休后每年年金准备——折现值	97617.28 元
社保退休金 25 年大约领取	1500000 元
退休金所需资金缺口	8621980.24 元
期待投资报酬率	8%
采取每年投入	213254.48 元
或采取每月投入	18171.29 元

李先生是企业高管，收入不菲，处于职业的上升期，虽然目前收入较高，但面临的风险和承担的责任也比较多，要考虑一些意外风险，保险保障问题，比如重大疾病、伤残险等生命意外险。然后，根据自己理想的退休计划，找出退休资金需求缺口，制定切实可行的投资理财计划。

李先生退休后要维持同样的生活水准大概需要多少钱？从李先生退休养老金测算表中可以看出：以李先生目前的理想生活水平来测算，每月生活费要 2 万元，考虑 3% 的通货膨胀，22 年退休以后要维持同样的生活水准，总计大约需要 1676 万元之多，那么折现值是 1021 万元，扣除社保资金给付大约150万元后，退休金缺口为862万元。要弥补这个缺口，李先生每年还要积累213254元，或者每月储蓄投资18171元，才能在55岁时实现保持现在生活品质的目标。

这么大的数字，光靠工作正常收入，许多人可能一辈子都达不到。如果没有尽早规划，晚年生活就有可能要么推迟退休，要么降低生活水准，二者都会影响退休以后的生活质量。

妥善安排好这些问题，是退休规划的基础。具体方法是先确定短期、中期、长期目标是什么，并根据实际需要安排好先后顺序。然后算一下现金流，制定投资计划。这个数量看起来很大，但33岁的人立即着手进行投资，如果投资回报率为10%，每个月只需投入约6000元，到退休时就能保障使用；如果投资回报是13%，那他每个月只需投入4000元。这两种投资方式，虽然到退休时可能达不到1676万元，但在退休时间里再进行复合投资，就可以保障退休生活品质了。

因此，只有尽早制定和实施退休规划，才能稳坐钓鱼台。

你为自己做好养老规划了吗？

30岁或者40岁的你，或许觉得退休、养老的事离自己还很远，自己现在还那么年轻健康，甚至还没有考虑结婚、生孩子的问题，但是我们谁也不能阻挡时间的脚步，谁也无法回避几十年后的养老问题。所以，无论你的年纪多大，从现在开始做好养老规划永远不嫌早。

1. 养老理财需建好三个账户

在保障日常生活品质的前提下，要做好养老金储投就必须把每个月的收入分开，做三个账户来管理。

首先，是日常花费的账户。每月的衣、食、住、行、育等，先预留这部分花销费用。可开一个银行活期或者货币市场基金账户来作为日常花费账户；

其次，是投资账户，如买偏股型基金、贵金属、信托等。但高回报必定伴随着高风险，万万不可将多半资金全部投入到投资账户；

最后，是保本账户。此账户应投放两类资金，一是商业养老保险，二是债券或债券基金。无论是保险金还是债券，都应该从现在一点一滴来累积，并且到期才支取。

2. 养老规划应遵循什么原则？

养老规划之路是一条漫长之路，要想在这条路上不走弯路，就必须遵循以下几个原则：

（1）越早储投越好。

养老规划不可能一蹴而就，越早开始准备养老金，退休以后的生活就会越轻松。虽然年轻时需要花钱的地方比较多，每个月能够拿来投资的资金并不多，但随着时间的推移，这部分资产会不断地累积增长，从而带动投资收益也随之增长。

（2）养老金积累方式不能太保守。

有些人为了保障养老金稳妥、安全，就选择每个月定期定额储蓄的方式积累养老金。实际上，扣掉通货膨胀率之后，定期存款利率只能提供2% ~ 3% 的实质受益。如果只是用定期存款累积养老金，那么，即使从

20岁开始准备，恐怕到退休以后依然无法弥补养老金不足的漏洞，从而大大降低退休后的生活水平。因此，要想保障老年生活品质，在累积养老金的过程中就不能太保守。当然，为了稳妥，可以选择一些投资回报率稳定的投资方式，比如定期定额投资基金等。

（3）统筹安排。

在累积养老金的过程中，随着年龄的增长，我们的生活需求也在不断增长，可能既要买房买车，又要考虑子女的教育经费，同时还要兼顾养老，另外还要留一笔应急储蓄。如此一来，我们就必须对现有的资产进行合理的配置，对不同的理财目标统筹安排，让家庭财务有条不紊地进行，让每个理财目标如期达成。

未雨绸缪，做好遗产规划

我经常听到一些人说："投资吧，市场不景气；不投资吧，负利率让人受不了资金的贬值。"所谓负利率就是指通货膨胀率高过银行存款利率。的确，负利率成为常态，货币缩水已成定局。在这种情况下，提高财商，进行有效的财富管理无疑是减少财富缩水的最好办法。

很多人以为财富管理就是通过投资来达到财富保值增值。事实上，财富管理并不仅仅是投资这么简单，需要做好长期的规划。否则，会遇到很多意想不到的麻烦。比如，虽然你生前通过投资成为了富人，但在你百年之后却要缴大笔的遗产税，从而使你的财富快速缩水。即使在一个没有遗产税的国家，资本增值税同样威力巨大。

例如，某一企业老板开始创业是以万元起家，现在公司产值10亿元，儿子已接手公司的管理，貌似平稳接班。然而，如果老父不幸辞世，其持有的公司股份在税务上会被认为为全部售出，则公司价值的增值部分要负担增值税，税率假设为50%，儿子如何处置？能把公司卖掉一半吗？手头的现金及资产能变现缴税5亿元吗？显然这是不可能的。

如何解决呢？作为董事长的父亲，如果想要免受税务的影响，应及早将其拥有的股份设立以儿子等为受益人的信托，而信托不会因设立人的离世而终止，增值税的问题可因此得到化解。那么，怎样才能更好地规划这笔财富呢？首先来了解私人财富管理机构的管理范围。

私人财富的保管、保值与增值以及财务规划与继承有以下由三大业务支柱组成的机构来承担：

（1）财富的保管，由银行业务担当；

（2）财富的保值增值业务，由投资管理服务提供；

（3）财富规划及财富传承一环，由有丰富专业经验的团队配合来策划。

规划传承项目，包括重要的税务、法律，以及保险、信托、特殊目的投资公司等一系列综合方案来实现，以达到财富规划合理避税的目的。只有显而易见的规划和专业数字才能达到我们的目标。

如果你的财富或你父亲的财富已达到或接近中高收益，实现了财务自由，那么，建议还是在全面的财富规划上做好通盘考虑，以确保财富的保值增值，为自己和亲人得到相关应有的收益，也为自己的家人、亲人免受官司纠纷而现在就应着手，未雨绸缪才是上策。否则，随着国家的经济高速发展，中国的经济结构调整到位，一些相应的富人遗产税、赠与税等税收政策都要出台，势必就会影响你的财富的传承延伸。

第六章

资产配置：理财投资必修课

富爸爸说："其实生来贫穷，并不意味着你不能变得富有。很少有人天生富有，可以买得起别墅。也没有人天生聪明，可以自己并购、融资和管理企业。"没有钱或缺少财商教育并不能成为你不理财、不能富有的借口。世界上多数穷人都是因为没接受过财商教育，因没钱而止步，不能变得富有。要想让自己的生活保持富有、财务安全自由、个人永葆年轻心态和快乐健康，绝不能满足于量入为出的生活，要敢于梦想、勤于学习，并坚持科学理财、谨慎投资，审时度势，以增加财富。这是关乎生活品质、人生尊严的大事。

资产配置是理财的关键

无论是从我个人的理财经验，还是我周围的一些学员、朋友的理财经验，或者一些理财专家的经验来说，我都认为理财中最重要的决定是资产配置。

什么是资产配置？简单地说，就是指投资者把其现有资产按一定比例分配进行不同种类的投资，比如股票、基金、债券、信托、外汇、房地产、储蓄等产品。这种理财方法的理念与"不要把所有鸡蛋全部放在一个篮子里"相似，目的都是通过分散投资把风险减至最低，以求获得理想的回报。

一般来说，资产分为两种类别：一种是实物资产，如房产、黄金、艺术收藏品等；另一种是金融资产，如债券、股票、外汇、基金以及银行存款等。

对于投资者来说，无论投资哪一种资产，无论投资的收益如何，最理想的结果无疑是实现个人资产的保值与增值。而不同类别的资产又各有特点，其收益率往往和风险成正比。也就是说，收益率越高的资产往往风险也越大。所以，投资者在投资之前，必须深入分析各类资产的特点，并根据其风险收益特征合理进行资产配置，以降低风险，争取获得最大的收益率。

曾有美国学者在《金融分析家》杂志上发表文章表明：投资收益的91.5%由资产配置决定。而国内的投资专家普遍认为，70%左右的投资收益来自资产配置。由此可见，无论在美国还是中国，无论投资市场的环境如何，无论投资者的水平如何，做好资产配置都是使投资收益率最大化的基本保障。

根据我的经验，资产配置就是根据投资者自身对投资收益的要求以及自身的风险承受能力，在对市场形势做好分析和判断的前提下，进行有效的大类资产比例分配。至于在某类资产中具体选哪个品种，何时进入，何时退出等，并不是资产配置重点关注的内容。具体说就是根据你对投资收益的要求以及你的风险承受能力来决定投资多少比例股票、多少基金、多少房产、多少保险等等，至于选哪只股票，买什么基金，什么时候买房子，买保险期限多少年等因素，这些都不是重点。

因此，我们在进行资产配置的时候必须要考虑三大要素：家庭的风险属性、家庭的理财目标（即对投资收益的要求）、投资市场的状况。在确定家庭风险承受能力、保障家庭财务安全的基础上，对家庭财务资源进行分类，构建适应市场的资产配置是家庭理财保值增值的关键所在。

我有一个学员晓丽，虽然只有二十多岁，但她对资产配置已经有了深入的了解和实践。她在投资理财的过程中，对股票、基金、信托、黄金、外汇、银行理财等几乎都有涉猎。在谈到自己的投资经验时，晓丽说："我从不害怕也不担心市场变化无常，在任何时候，我都相信会有好的产品。我不会刻意回避在大类资产上进行高风险配置，但同时我会保持稳健的风格。比如说，在价格低位时，我会配置一些黄金、美元、房产等稳健资产。短时间内，这些资产可能看不到太高的收益，但长期持有，升值空间就会很大。"

当然，晓丽的这些经验也是源自失败。刚开始，晓丽把大部分资产都投资在股票型基金上，刚好碰到牛市，获得了很好的收益。于是，一发不可收拾，晓丽继续大量投资股票型基金。结果，在熊市中，晓丽因大部分资产都被套住，心态也越来越差，最后导致亏损严重。

有了这段惨痛的经历，晓丽开始尝试进行资产配置。如今，无论是牛市还熊市，晓丽都能保持平和的心态做出理智判断，寻找最适合自己的产品，收益虽然不是很高，但也不会出现亏损严重的情况。

我在前面已经和大家说过，复利的威力比原子弹还可怕。晓丽现在的投资方式就是滚动式的，只要持有的时间够长，有稳定合理的收益，复利的力量一定能让你获得意想不到的成果。

然而，我在培训中遇到的绝大多数投资者并没有晓丽这种资产配置的意识，而目前国内那些提供理财参考和服务的金融机构也极少有完全从资产配置的角度为投资者提供理财规划和服务的。因此，很多投资者在进行投资理财与资产配置时都存在一些误区。下面我就一些常见误区进行分析，同时阐述如何进行资产配置。

误区一：忽视资产配置的重要性。很多投资者在做投资决策的时候，往往花费大量的时间和精力考虑买哪只股票，什么时候买合适，什么时候卖划算的问题，却唯独忽视了如何将个人资产在各大类之间进行分配的问题。结果，虽然花费了大量的精力、财力，结果却获得极少的收益，甚至出现亏损。

误区二：资产配置就是分散化投资。一些投资者对资产配置的概念把握不准确，以为就是分散化投资，结果盲目地对自己的资产进行分配，却不考虑自身的风险承受能力以及收益目标，结果不但无法获得理想的收益，还无法避免亏损。资产配置追求的是针对当时的市场情况，以及个人风险承受能力、收益目标等，分析各类资产收益率的大小，对于收益率较大的资产加大配置比例，而对于收益率较小的资产则降低配置比例。如此一来，就能提高未来收益率的确定性，降低风险。

误区三：把理财完全扔给"专家"或"顾问"。或许你身边有一群认真、敬业、出色的理财顾问，但如果你想获得较好的收益，必须亲力亲为！为什么？原因很简单，决定你投资收益的是资产配置，而你身边的"专家"、"顾问"却只能为你做某一项投资的参考和服务，股票经纪人绝对不会管你需不需要买黄金。即使他们偶尔为你提供一些资产配置的意见，但依然无法逃脱其专业领域性的限制，最终决定如何进行资产配置的只能是你自己。

如何进行资产配置

在培训中，虽然我多次强调资产配置的概念，但依然有不少学员不知道如何进行资产配置，想当然地认为就是分散投资。我有一个学员，虽然资产不多，但分布十分广泛，几乎所有的理财产品他都有投资。当我问他到底买过哪些产品，收益率如何时，他居然答不清楚。像他这种盲目进行资产配置的投资者在现实中并不少见。

我们在前面已经说过，进行资产配置的根本目的是为了实现收益最大化。由于不同的投资产品在不同的市场环境下有不同的收益率，进行资产配置，在最恰当的时候选出最适合的产品，利用各个产品之间的收益差异起到平衡的作用，从而达到资产保值、增值的目的。如果你连自己投资的产品是什么，收益率如何都不清楚的话，你所做的资产配置无疑是失败的。

对于个人投资者来说，专业性和资金都有限，要想进行合理化的资产配置就必须充分考虑自身的风险承受能力和资金流动性。比如说，年轻的投资者由于风险承受能力较高，在确保财务安全的前提下，可以适度投资一些风险较高的产品；而年龄较大的投资者随着年龄的增长风险承受能力不断降低，就需要逐渐减少风险资产投资的比例，以保证退休养老的安全。而无论是风险承受能力较高还是较低，投资者都必须充分考虑自己对资金的潜在需求，确保资金流动性不会影响自己的财物安全。同时，资产配置还要适应市场的变化，投资者需要定期对自己的资产分布情况进行审视，并根据经济周期、投资特点适当地进行调整。

我的一个邻居张先生是一家国企的中层管理人员。积累一定的财富之后，他就开始琢磨如何让钱生钱。因为一心追求高收益，张先生完全忽视了风险的存在。他不仅拿出所有的积蓄投资股票，甚至还用一套房子做抵押贷款购买股票。原本想赚得盆满钵满，结果一场金融危机瞬间让牛市变成了熊市，虽然张先生及时把手中的股票卖出，还是亏损了近半。

面对快速缩水的资产，张先生才意识到投资风险的可怕，如果继续下去的话，恐怕给儿子准备的教育金以及自己的养老金都不保。于是，张先生开始降低高风险资产的投资比例，同时投资一些风险较低的债券基金。

然后，张先生对自己的资产配置进行了审视：风险较低的稳健投资产品包括一套价值200万元的房产，债券基金20万元；风险较高的投资产品包括20万元的股票。接着，张先生分析了一下家庭的风险承受能力：为儿子准备的教育金在5年后要用到，而自己今年40岁，养老金估计在15年后使用。所以，根据目前的风险承受能力来说，资产配置中风险较高产品的投资有些偏低了。于是，张先生开始有意识地增加风险较高产品的投入，主要是通过基金定投的方式增加两只股票型基金的投资。

同时，张先生还为自己制定了定期调整资产配置的方案，隔几个月就会盘点、审视一下各个资产的收益状况，再根据自己年龄的增长、收入的变化和投资市场的变动适时调整各类资产配置比例，以确保整体投资的安全与收益并进。

资产配置的意义就在于将资产进行合理分配，投资在不同的标的物上，从而兼顾收益性、流动性和安全性的需求。从张先生的例子我们看出，个人进行投资理财必须同时考虑风险和收益，不能盲目追求高收益却忽视了风险的存在，致使个人财务状况陷入危机。那么，在具体实施的时候，到底如何进行资产配置才能达成低风险、高收益的理财目标呢?

（1）根据家庭的不同时期的需求对资产进行优化配置。

资产配置的最终目的是满足家庭更好的生活需求，实现幸福生活的目标。因此，在进行资产配置的时候，首先要考虑的就是家庭的需求，然后作出相应的资产分配。

（2）明确家庭的风险承受能力。

每个家庭的实际情况不同，风险偏好和承受能力也会有所不同，所进行的资产配置也会随之不同。比如，风险承受能力较高的家庭可以选择股票、股票型基金等高风险投资产品进行投资，而风险承受能力较低的家庭则最好选择配置型基金、房产、储蓄等低风险产品进行投资。

（3）实物资产的配置主要是为了满足家庭需求，而金融资产的配置则是为了实现资产保值增值的目的。

比如，对房产的投资必须先满足家庭居住的需求，然后才能考虑升值空间的问题。而对股票、基金、债券等金融产品的投资，必须坚持高低有别、长短搭配的原则，以保障风险可控性。

此外，在资产配置过程中投资者还需要注意，所选择的各类资产之间应该具有较低的相关性，避免同时涨落的风险。在对产品的投资周期上，应该要有长远眼光，不要因为一时的涨落而扰乱心态，进而导致判断失误，出现不必要的损失。

资产配置必知法则

虽然如何进行资产配置因人而异，但我在培训时发现大多数投资者都不能有效进行资产配置，原因就在于根据自身财务状况、风险承受能力、资金流动性以及市场情况进行合理的资产配置不仅需要较为专业的财务知识，还需要消耗大量的时间和精力。所以，很多学员就问我："牛老师，虽然我很清楚资产配置在投资理财中的重要性，也很想进行合理的资产配置，但我没有那么多时间、精力怎么办？"

下面我就为大家介绍几种简单的资产配置法则，它们或许不能为你提供十分合理的资产配置方案，但却能为你节省不少的时间、精力，同时在一定程度上帮助你利用资产配置获得较好的收益。

1. 投资100法则

投资100法则是指投资组合中风险资产比例等于100减去投资者的年龄。以基金为例，假如你今年35岁，那么，100–35=65，你可以把手中闲置资产中的65%投入风险较高的股票型基金或者混合型基金中，把剩余的35%投入债券型基金、货币基金等稳健性基金产品。但如果你今年60岁，就应该把股票型基金、混合型基金等风险较高的产品投资比例降至40%，稳健型基金产品的投资比例相应升至60%。

随着年龄的增长，投资者的风险承受能力会不断降低，对风险较高产品的投资比例也应该逐渐降低，同时增加稳健型投资品种的投资比例。如果你是偏保守的投资者也可以把“100法则”改为“80法则”，即用80减去年龄得到应投资高风险理财产品的比例。

这种资产配置的方法较为简单直接，将资产配置的比例和个人风险承受能力以及投资标的的风险属性紧密结合在一起，在一定程度上能够规避风险，增加收益。如果能够结合市场状况一起使用，效果会更好。

2. 资产配置4321法则

这是人们在长期理财过程中总结出来的一般化资产配置方法，即将总资产中的40%投资在固定资产、30%投资在金融资产、20%用于银行存款、10%投资在保险。按照这个法则进行资产配置，既可以保障家庭生活的日常开支需要，又可以通过投资理财实现资产的保值增值，还能够为家庭提供基本的保险保障。不过，这个法则主要针对的是有一定资产的家庭，如果你今年才25岁，每个月收入只有2000元，也没有多余的储蓄，那么就不适合用这个法则来进行资产配置。

另外，这个法则只是帮助投资者进行资产大类划分，具体到每个大类的投资产品选择还需要投资者结合实际情况以及自身风险偏好进行配置。为了保证资产配置始终保持4321的比例，投资者需要在某种资产价格上涨之后，适时减少这类资产的总额，将其平均分配在其他资产中。比如股市大涨，就应该立即减少股票在所有资产中的金额，确保金融资产的比例保持为总资产的30%。

3. 向日葵法则

“向日葵法则”是根据向日葵的外形来进行资产配置的一种方法。向日葵有一个较大的花心，也就是资产配置的核心，占总资产的比例应该在一半以上，可以投资一些长期、收益稳定、波动较低的资产，比如债券型基金等；外围点缀着一圈较小的花瓣，象征着非核心资产的投资比例，一般在20%～30%，可以投资一些风险高、收益率也高的资产，比如股票、股票型基金等。

此外，向日葵还有一个特点，就是花瓣先落，花心结果。所以，对于处在“花心”的核心资产应该长期持有，以获得较稳定的投资收益；而处在“花瓣”的非核心资产则可以中短期持有，随时根据市场的变化进行调整，以获得较高的投资回报。

第七章

投资是理财必备的步骤

在我们的财务生活中，理财就像医生帮我们诊脉，投资犹如医院中的护士和药剂师。当医生开了药之后，由药剂师配药，护士进行打针服务，才能治愈病症。缺少了哪个环节，病症都可能是无法治愈的。

一、投资方略及原则

如果你现在有20万元的现金，假设你的年投资收益为15%，实现翻番达到40万元需要多少年？这时很多人会说，大概需要七八年吧。但实际呢，计算复利因素，只需要4.8年便能从20万元变成40万元！这其中有一个理财的72法则，也就是说本金翻一番所需时间（年）＝72÷年收益（不计百分号）。

计算一下你的钱多少年可以翻一番

现在我们计算一下目前通过正常投资渠道实现翻番目标所需要的时间。

1. 储蓄

当前一年期的定期存款利率为3.25%，假设利率保持不变，则本金翻一番所需时间：72÷3.25＝22（年）。

2. 国债

因为国债很少有一年期的，加息后的三年期国债票面年利率大概为5.17%，本金翻一番所需的时间：72÷5.17＝14（年）。

3. 开放式基金

当前开放式基金的业绩受股市影响下跌不少，虽然良莠不齐，但也有诸多业绩优秀的基金，如果选择一只好的基金，长期来看其回报率为8%，则本金翻一番所需的时间：72÷8＝9（年）。

4. 货币基金

货币基金的年平均收益率一般为3.5%左右，本金翻一番需要的时间则为：72÷3.5＝20（年）。

5. 信托

时下信托产品非常热销，平均年利率大约为7.8%，购买信托产品，本金翻一番所需的时间：72÷7.8＝9（年）

6. 人民币理财

目前各专业银行推出了人民币理财产品，以银行推出的理财产品为例，其一年期产品的年收益为5.6%，本金翻一番所需的时间：72÷5.6＝12（年）

投资离不开六大要素

1. 树立正确的价值观

正确理解人生成功的真正涵义。积累财富和能力的过程才是成功的目标。

2. 学会看懂财务报表

通过财务收支表和资产负债表，充分了解每项投资对自己现金流量的影响，才能灵活运用资产，同时能合理分配到各种投资产品中去，使自己的财富增长更快。

3. 风险测试

要始终牢记个人的风险承受类型，即：冒险型、进取型 、稳健型、保守型。 风险测试可以帮助界定我们的风险承受度的类型。每种类型的人选择投资工具不一样，选择产品时，根据我们的风险承受能力及目标实现的时间长短，选择合适的投资工具和渠道，因人而异，不能一概而论。

4. 量力而行有度

理财目标设定要合理，就是让自己在一个轻松舒适的情况下达到理想目标，这样才能坚守你的财务自律性持续理财。不要小马拉大车，也不要大马拉小车。

究竟是“收入－储蓄＝支出”还是“收入－支出＝储蓄？”从财务自律的角度来看，前者才是正确的观念。古人说：“节俭是一种美德”，当今时代理财是一种好习惯，对于年轻打工一族尤其如此。要牢记聚沙成塔的道理，当我们的财务资源不多时，学会理财，善于储蓄，合理投资，才能做到积少成多。

5. 资产配置合理

进行合理的资产配置是规避投资风险、尽量获取最高收益最有效的办法。其基本方法是根据投资者所拥有资产的类别进行合理配比，从而有效抵消风险，享受平均收益。进行资产配置，一般要根据自己所处的人生阶段目标进行分配。

在我们的一生中，各阶段有不同的人生目标。投资理财正是紧扣这些目标而进行短、中、长期规划。短期目标包括买车、买房、旅游等；中期目标包括孩子教育、生活事件、巨额消费等；长期目标包括退休、投资规划、慈善等。因此，进行合理的资产配置必须把年龄、投资属性、市场状况等作为重要的参照指标。

6. 投资渠道适中

不同的投资渠道其风险和收益都不相同，比如，储蓄是最简单也是最基本的投资方式，风险最低，但收益也最低；而股票投资的收益虽高，风险也比较高。对于普通投资者来说，要想获得稳定且较高的收益就必须注意选择适合自己的投资渠道，量力而行。

如何选择好的投资产品

选择投资产品是关系到我们的理财目标能否顺利实现的重要一步。一款好的投资产品，既要有较高的收益率，又要有较小的风险。因此，在投资时，首先要从四个方面来考虑：是否合法、是否适合自己的风险承受能力、是否最大限度地享受复利以及投资报酬率是否能达到理财目标。

1. 投资产品是否合法？

无论做什么事，合法的绝对是最安全的，而不合法的或不受国家法律保护的风险往往最高。投资也是如此。任何一款投资产品只有在合法的前提下才能确保自己的收益。一般来说，银行、保险、信托公司等正规金融机构发行的理财产品都是合法的，如果是企业等第三方发行的，那么投资者就要在投资前多加考证，以免上当受骗。

同时，无论发行方是谁，投资者在确定购买投资产品之前都应该弄懂自己购买的投资产品，知道自己在投资什么，风险如何，收益如何。很多投资者因为产品合约条款太多，而且复杂难懂就不仔细研究，只听从所谓“投资理财顾问”的推荐盲目购买，等出了问题再后悔就来不及了。所以，投资者在购买投资产品的时候一定要看清楚合约再签字！

另外，一些非法投资产品往往都是利用投资者希望以最低风险获得最高收益的心理，不断地强调高收益、低风险，诱惑投资者上当。事实上，任何投资都会有风险，而且收益越高风险越大，同时预期收益率并不等同于到期收益率，无论对方承诺的收益率多高，都有可能出现到期收益率为零甚至为负的情况。所以，投资者一定要擦亮眼睛，不要只受高收益率的诱惑盲目投资。

什么投资产品风险最高？当然是不合法、不受国家法律保护的投资产品风险最高。所以选择投资产品第一个原则就是看其是否合法。目前社会上流行一种“资本运作”的投资，据说是从广西北海发起的，目前已蔓延到全国许多城市。所谓“资本运作”的投资有这样几个特点：一是谎言邀约，先不能和邀请的朋友说实话；二是异地操作，不能在本地操作；三是没有公司，不注册、没执照，完全是暗箱操作；四是没有产品，没有利润，完全是用后面人交的钱发给前面的人。其实这种投资模式是国际上有名的“庞氏骗局”在中国的翻版。

2. 是否符合自己的投资风险类型？

我在前面讲过，风险类型有四种：即冒险型、进取型，稳健型和保守型。我们投资前要测试风险类型，看看自己属于什么类型。投资的产品和我们的风险类型要符合，否则如果风险类型是保守型的话，投资了高风险产品，赔了钱就会影响到身体健康和正常的生活，甚至会造成家庭财务困境。

3. 是否最大限度地享受复利率？

收益率是在选择投资产品时必须考虑的要素，但是风险和收益是成正比的。要想在风险较低的情况下依然获得最大收益，就要考虑是否能够最大限度地享受复利率。

我们在前面已经介绍过很多关于复利的知识，知道了复利效应，那么就应该在平常的投资实践中有意识地去寻找那些能够最大限度享受复利率的投资产品，以提高自己的收益。一般来说，像股票、基金等投资产品，只要坚持长期持有，就能分享到复利效应，但前提是你选择的产品是否能够让你长期持有。再比如说，分红保险有现金分红、增额分红两种，很多人只看到现金分红能够很快拿到钱，却不知道这只能为你带来单利，而增额分红却能让你享受复利，获得更好的收益，见表 7–1。

表 7-1　单利与复利对比表（投资：10 万美元）　单位：万美元

年利率 / 时间	4%		8%		12%		16%	
	单利	复利	单利	复利	单利	复利	单利	复利
10 年	4	14.8	8	21.6	12	31.1	16	44.1
20 年	8	21.9	16	46.6	24	96.5	32	194.7
30 年	12	32.4	24	100.6	48	299.6	64	858.5

从上面这个对比表中，我们就可以清晰地看出单利和复利在收益率上的巨大差别，而且持有投资产品的时间越长，差别也就越大！所以，选择一种能够最大限度享受复利率的投资产品并坚持长期持有，绝对比选择一种有很高收益却只能享受单利的投资产品更划算。

4. 投资报酬率是否能达到理财目标？

投资报酬率能够反映投资产品的发行机构的综合盈利能力，也可以作为自己选择投资产品的依据，有利于实现资源优化配置。一般来说，投资报酬率的计算公式是：

投资报酬率 = 利润总额 / 投资总额 ×100%

= （净收益 + 利息费用 + 所得税）/ 投资总额 ×100%

$$\text{股票的投资报酬率} = \frac{\text{股票终值} - \text{原始投资额} + \text{股利收入}}{\text{原始投资额}} \times 100\%$$

通过投资报酬率的公式，我们很容易就可以计算出投资产品的投资报酬率，进而对投资产品做出正确的判断。

例如，小周在2012年2月投资2万元购买了一只股票，到2012年12月卖出时，他仅收回了19500元。从表面上，小周亏损了500元本金。但2013年2月的时候，小周收到公司寄来的1000元股利，如果不考虑税金、佣金等，小周实际上又获利了500元。根据投资报酬率公式，我们很容易就可以算出小周这笔投资的报酬率是25%。虽然不太理想，但比亏损要好得多。

因此，投资者在选择投资产品的时候不能只看买价，还要知道它一年大概可以挣多少钱，计算出投资的报酬率，从而决定要不要购买。

适合自己的就是最好的

鞋合不合适，只有脚知道。同样，投资产品适不适合自己，也只有投资者自己知道。对于投资者来说，每个人的情况不同，别人的经验和智慧永远只适合他自己，投资最终还是自己的事，赚了钱是自己的，赔了钱还是得自己负责。所以，选择一条最适合自己的投资之道，对于普通投资者来说显得非常重要。

1. 制定最优投资组合

我们在前面已经讲过资产配置在投资中的重要性，投资组合实际上就是资产配置在实际操作中的体现，能够帮助投资者规避风险，实现良好的收益率。什么是最优投资组合？答案就是适合自己的投资组合。

因此，要制定最优投资组合目标，投资者首先要确定自己的投资组合目标是什么，获取高收益还是实现收入的稳定增长，或者只是为了保持资金的保值，一般来说，以获取高收益为目标的投资者往往都是风险承受能力较强的年轻人，而中年人则大多以实现收入的稳定增长为目标，至于以保持资金的保值为目标的往往都是老年人。

根据投资组合目标的不同，投资组合的方式往往也不同。以获取高收益为目标的投资者应该多选择收益较高、有一定风险的股票、股票型基金、外汇、期货等投资产品进行组合；而以实现收入稳定增长为目标的投资者所选择的投资产品应该以安全、稳妥为首，比如储蓄、债券、基金等；仅仅想使资金保值的话，就应该选择储蓄、国债、保险等能够收回本金和利息的投资产品进行组合。另外，房产、收藏品等投资产品因为其资源的稀缺性，不但能够保证本金的保值，其实际价值也会随着时间的推移而不断增长，也是后两类投资者较好的选择。

根据投资组合具体实施时所依据的主要条件不同，我们可以把投资组合分为3种方式，即：投资工具组合、投资比例组合、投资时间组合。

（1）投资工具组合。

即根据投资工具的风险和收益不同，选择不同的投资工具相互组合，使总收益维持在一定的水平。传统的投资工具组合有“投资五分法”：把资金分成5份，一份用来存入银行和购买保险；一份用于投资股票等高风险、高收益的投资产品；一份用来购买房产、黄金等实物资产；一份用来做教育投资；还有一份是备用金，用来救急。

（2）投资比例组合。

即投资者对不同的投资产品进行投资时，在数量、金额上存在一定的比例关系。这时，就要根据投资者的风险承受能力进行分配了。风险承受能力较高的投资者可以扩大高风险、高收益投资产品的比例，而风险承受能力较低的投资者就要提高风险较小的投资产品的比例。

（3）投资实践组合。

即投资者根据资金闲置的时间期限，在确保资金流动性的前提下，根据不同投资产品对投资时间的要求，将资金有计划地分批进行投资，在投资时间上采取长期、中期、短期相结合的投资时间组合。

另外，投资者在保持资金安全的时候还要考虑到通货膨胀的因素，在确定投资组合目标以及投资组合方式之前，一定要弄清楚自己是属于哪一种类型的投资者，然后根据自己的资金实力、投资能力以及风险承受能力确定适合自己的投资组合。

2. 选择适合自己的投资方式

在培训时，经常有学员问我："牛老师，我朋友买了XX股票赚了不少钱，我也想买一些，你觉得怎么样？"我发现很多投资者都有这种从众心理，见到别人赚钱了，就立刻跟着买进、卖出，偶尔可能赚些小钱，但很容易被套或者亏损。

一个成功的投资者，应该根据自己的实际情况选择合适的投资方式，从而确保自己能够得到较好的收益。

（1）客观评价投资产品。

对任何一种投资产品在没有完全弄懂之前，不要轻易地下结论，更不能根据别人的经验和收益来决定自己是否要投资。比如说，股票虽然存在较高的风险，但有相当一部分上市公司潜力无限，投资回报也很丰厚，是值得投资的。如果你只看到风险就放弃这个市场，显然不够理智。

（2）多方位了解信息。

即使是巴菲特这样的"股神"，在投资之前也需要多方位、全角度地去了解市场、产品，才能在投资时做出最适合自己的决定。

（3）适应形势。

市场每时每刻都在变化，如果你抱着某一种投资产品不放，一意孤行，很容易被市场所淘汰。尤其是有些新产品顺应市场的变化而诞生，往往更适应新形势，只有多尝试，才能有更好的回报。

投资并没有那么神秘，也没有那么高深莫测，只要选择最适合自己的投资方式，就一定能够获得理想的收益。

二、投资产品的解读

储蓄的技巧

储蓄是最安全的一种投资方式，虽然收益率较低，但任何时候它都能够还本、付息，不会出现亏损的情况。然而，储蓄投资并不是没有任何风险，因为受到通货膨胀的影响，银行利率会不断地变动，从而影响到储蓄投资的实际收益。因此，投资者要根据市场的变化，巧妙地进行储蓄投资组合以获得最大的利息收入，将储蓄风险降到最低。

1. 选择哪种存款方式最划算？

理财要从储蓄开始，很多人也都有储蓄的习惯。但是，储蓄方式多种多样，你知道哪种储蓄方式更适合你吗？你知道你的钱存在银行能得到多少利息吗？只有详细了解银行的储蓄利息是如何计算的，才能明明白白存钱，才能从储蓄中获得最好的收益。

按照国家规定，储蓄存款利息的计算公式是：利息 = 本金 × 存期 × 利率。计算各种储蓄存款利息时，均以“元”为单位，元以下不计利息。存款的存期则是从存入日期起至支取日期前一天止，存入的当天不计算，通常银行称其为“算头不算尾”。而且，不论大月、小月、平月、闰月，月均按 30 天，年均按 360 天计算存期。具体期限是按对年对月对日来计算的，即从存入日到次年同月同日为一对年，从存入日到次月同日为一对月。定期存款如到期后未支取也未办理自动转存为定期的业务，过期期间就按照活期利率计算。

另外，各种定期存款在存期内如果遇到利率调整，则按存单开户日所定的利率计算利息；活期存款在存入期间如果遇到利率调整，则按结息日当天的活期储蓄存款利率计算利息。因此，如果为了方便支取把大量资金存入活期显然是不划算的。

还有些人为了多得利息，认为存期越长就越划算，因而把大部分资金都按照三年期或者五年期定期存款方式进行储蓄，却没有考虑资金的流动性。

结果到急需用钱的时候，只能办理提前支取，结果存期越长，利息越吃亏。虽然现在银行已经出台了对于提前支取的部分按活期计算利息，未提前支取的部分仍然按原来的利息计算的规定，但依然不如做好规划来得划算。

从目前存款利率来看，定期存款宜选择短期。因为定期存款期限长短对利率的影响已经不大，比如说一年期存款利率和五年期存款利率的差距只有每个月 0.675‰。而且，目前定期存款利率已经是历史最低，如果今后出现利率上调的情况，选择短期定期存款可以灵活调整储蓄方式以享受较高的利息。

下面介绍几种特殊储蓄存款计算利息的方法：

（1）零存整取。

零存整取定期储蓄存款一般采用“月积数计息”方法，公式是：

利息 = 月存金额 × 累计月积数 × 月利率。

其中，累积月积数 =（存入次数 +1）÷ 2 × 存入次数。比如，1 年期的累计月积数 =（12+1）÷ 2 × 12=78。

（2）整存零取。

整存零取的储蓄金额较为特殊，是从大到小反方向排列，其计息公式是：

每次支取本金 = 本金总额 ÷ 约定支取次数

到期应付利息 =（本金总额 + 每次支取金额）÷ 2 × 支取次数 × 每次支取间隔期 × 月利率

（3）存本取息。

存本取息储蓄每次只支取利息，因此需按本金总额、存期和规定利率先计算出应付利息总额后，再根据储户约定支取利息的次数，计算出平均每次支取利息的金额。其中，过期支取、提前支取利息计算和整存整取储蓄相同。而且，如果提前支取，应扣除已分次付给储户的利息，不足时应从本金中扣回。

（4）定活两便。

定活两便储蓄存款存期在3个月以内的按活期储蓄利率计算；存期在3个月以上的，按同档次整存整取定期存款利率的六折计算；存期在1年以上的，无论存期多长，一律按支取日定期整存整取1年期存款利率的六折计算。

（5）个人通知存款。

个人通知存款是指一次存入，一次或分次支取的储蓄方式。1天通知存款需储户提前1天通知银行，利息按照支取日1天通知存款的利率计算；7天通知存款需储户提前7天通知银行，利息按支取日7天通知存款的利率计算。如果储户不按规定提前通知银行而直接要求支取存款，那么利息就要按照支取日活期存款利率计算。

2. 如何让存款利益最大化

（1）活期约定转存，利息不止翻两番。

现在银行都推出了自动转存服务，在储蓄时，与银行约定自动将到账的活期存款转存为定期，可以为自己增加不少利息收入。

比如，你工资卡里的钱都是活期存款，而且每个月都固定打入，而目前活期存款的年利率为0.35%，低利息收益相当于让活期存款在工资卡里睡大觉，而目前定期存款年利率是3%，如果想在固定储蓄中赚取定期利息，可从办理工资卡的约定转存开始。

以某家银行的约定转存为例，如果你现在有1万元的储蓄存款，全部以活期存在银行，一年应得利息为：10000×0.35%＝35元。而如果你选择约定转存，1000元存活期，超过部分存一年定期。那么一年下来，你应得利息为：1000×0.35%＋10000×3%＝3.5＋300＝303.5（元）。两者相比，后者应得利息是前者的8.6倍。如果想开通此项服务，只需凭工资卡和身份证，到银行柜台设定一个转存点即可。这样，活期账户里的资金便会自动划转到定期账户。

（2）“存款”选“定投”，消费储蓄两不误。

如果你手中掌握的是长期的持续现金流，则可以试试“存款定投”。其中，“十二存单法”和“阶梯存款法”都是不错的理财方式。

“十二存单法”是把每个月工资的10%至15%存为一年期定期存款，这样一年下来你就有12张一年期定期存单，从第二年起，每个月你都会有一笔定期存款到期。如果到期的存款暂时不用，你就可以和当年当月工资的10%至15%一起继续存一年期定期。如此一来，既能保证资金的流动性，又能享受到定期存款的利息。

“阶梯存款法”是指手中有一笔限制资金的投资者可以将其分为5份，分别按照1年期、2年期、3年期、4年期、5年期定期存款的方式进行储蓄。一年之后，把到期的1年定期存款改为5年定期续存；两年后，则把到期的2年定期存款改为5年定期续存；以此类推。这样，5年后，5张存款就都变成5年定期，但每年都会有一张存款到期。这种存款同样能够保证储户每年都有钱应付急用，而且能享受到5年定期存款的高利率，但前提是储户手中有足够的闲置资金。

信用卡使用技巧

对于绝大多数年轻人来说，对信用卡并不陌生。作为一种支付工具，它比其他的支付方式更为便利，也因此被众多消费者和商家所青睐。透支是信用卡特有的属性，但是，信用卡的免息期大多较短，而且透支额度有限，一旦持卡人超过还款期限或者超额透支，就必须付出昂贵的代价！掌握信用卡使用的一些基本技巧是当今社会投资理财的必备的素质之一。

1. 使用信用卡先要算好账

信用卡有便利之处，但也不是办理所有业务都免费，如果了解相关规定，会让我们省去一些不必要的费用支出。

（1）避免小额账户收年费。

截至 2008 年年底，国内发行了 1.2 亿张信用卡，而且保持了强劲的增长动力。但很多持卡人并不清楚信用卡怎样收费，收什么费用，很多朋友在办卡网点看到有喜欢的礼物赠送，就顺手办了一张卡。如果没有搞清楚信用卡的收费规则，则可能会得不偿失。

目前我们使用的信用卡基本是第一年免年费，第二年在刷卡次数或者金额超过一定限额后一般免年费，也就是说我们申请到的大部分信用卡第一年基本不考虑这笔费用，但到第二年就要仔细看一下该卡收费规则。对于白金卡、贵宾卡有很多第一年就收费了（要以银行公告为准）。

（2）消费积分可免年费。

不少银行为了鼓励持卡人多使用信用卡，以提高银行的手续费收入，均有关于每年消费几次可免下年年费的规定。只要持卡人详细了解这项规定，在刷卡购物时尽量增加刷卡的次数，信用卡的年费就可以轻松免掉。

（3）循环利息。

目前大部分银行利息计算方式是从透支发生之日起开始计算，而不是免息期结束日，计算方式为日息万分之五，并按月计收复利，换成年息就是18%以上(目前1年期信贷的利率是5.4%)，因此一定要格外注意利息的产生。

有一职场白领小王办了信用卡，小王的账单日为每月的5日，到期还款日为每月30日。小王收到的4月5日的账单包括他从3月5日至4月5日之间的所有交易。其中3月18日小王办理了一笔交易：缴纳电费花费1000元。小王4月5日的账单中显示：账单总消费1000元，最低还款额100元。

如果小王在4月30日之前偿还了1000元，则在5月5日的对账单中显示循环信用余额的利息为零；如果小王仅还了100元，则5月5日对账单中会显示利息23.75元。

循环利息的计算方法如下：

1000元 ×0.05×43天(3月18日 ~ 4月30日)+（1000元－100元）×0.05×5天（4月30日 ~ 5月5日）= 23.75（元）。

（4）节省跨行取款费。

跨行取款费可谓是一笔不小的额外支出，尤其是信用卡本身取现就已经要收取高额的手续费和利息。为了节省这项不必要的开支，我们在办卡的时候应尽量选择网点和ATM数量较多的银行。同时，不到迫不得已，尽量不要用信用卡提取现金，更不要跨行提取。

（5）避免取现相关费用。

取现的相关费用包括手续费和利息，手续费费率各行执行标准有差别，银行公告为准，建行手续费是千分之五，利息是万分之五，同时没有免息期。

例如，取现2000元，利息每天1元（2000×0.05%），手续费10元（2000×0.5%）。若30天后还，费用总计为1×30+10=40（元）

（6）巧选银行也能省钱。

由于各银行经营方式、规模等不同，对信用卡的相关费用的收取标准也不尽相同。持卡人应根据自己的实际情况以及银行的各项费用收取规定综合考虑，从中选择一家最适合自己的银行办理信用卡。

（7）分期付款费用。

信用卡分期是目前比较常见的消费方式，例如购买一台笔记本电脑需要8000元，你手头比较紧张时可以通过分期的方式慢慢还款。

通常分期付款时要支付两笔费用：手续费和利息。

其实这两个词语有很大的类似。正常情况是付利息，但是由于折算成的年利率非常高（10%以上），会被视同“高利贷”。

所以现在采用手续费的方式，还是大多银行规定的利息，只是对应成具体的钱了。信用卡分期付款向来是“免息不免费”的，而且收的手续费比一般银行普通贷款利息都要高，所以一定注意。

最近有些银行提出“免手续费免利息”的活动，如果你把产品对比会发现，这种活动中销售的产品价格比较高，各个银行信用卡中心运营成本比较高，市场活动、积分回馈、坏账核销这些都要摊入成本。

另外由于信用卡不吸收储蓄存款，大家透支的资金各个银行卡中心一般都是从总行拆借，需要支付利息成本，所以在分期付款等业务上收取稍高利息和手续费也是国际惯例。

（8）挂失费和补卡费。

以各银行公告为准，一般在 50 ~ 100 元不等。

（9）免息还款期。

信用卡还款是用卡过程中的一个重要环节，一些人忽视其重要性，可能错误计算免息期，导致被罚息，甚至影响个人信用记录。因此弄清免息还款期很重要。

一些银行在对外宣传的显著位置，告知客户有60天甚至更长的免息期。一般免息期由三个因素决定：客户刷卡消费日期、银行对账单日期和银行指定还款日期。

银行对账单日为每月 5 日，指定还款日期为每月 25 日，小王在 5 月 4 日消费 2000 元，这笔消费会出现在 5 月 5 日的账单里，免息还款期就是 5 月 4 日到 5 月 25 日这段时间，为 22 天；如果是 5 月 6 日消费，这笔消费就会出现在 6 月 6 日的账单里，则免息还款期就是 5 月 6 日到 6 月 25 日的时间，那就高达 51 天。所以，要享受到最长的免息期就要在账单日后那天消费，之后，免息期递减。

2. 信用卡如何还款更划算

信用卡还款方式主要集中在借记卡关联还款、电话还款、网银还款、自助终端还款、网点柜台还款这几种方式。

（1）借记卡关联还款。

这种方式是目前主流的还款方式，也是大家选择信用卡时主要考虑的方面，一般是借记卡在哪个行，信用卡办理就选择哪家银行，这种方式将信用卡与借记卡绑定，到了还款日只要借记卡有足够的资金，银行系统就能自动从借记卡扣款，方便、准确，不会出现忘记还款或者多还款的情况。

（2）电话、网银还款。

通过目前先进的电子支付手段（手机、网银）进行本行或者跨行还款，如果是跨行还款需要交纳一定的手续费，需要注意的是跨行还款可能不会实时到账，如果隔日到账可能会耽误还款日期。

（3）自助终端还款。

在银行还款日集中的日期，经常可以看到ATM旁排队的人群，通常都是通过ATM自助终端来还款，这种方式最担心ATM坏了或者钱箱满了，自助不能解决所有问题。

（4）网点柜台还款。

柜台服务，头等大事是取号排队。如今的柜面服务能简化表单的填写过程，却依然没能缩减等候时间，等上一两个小时是常事。如果你是贵宾客户可能等候的时间还少一些。最后要重点推荐一下今年兴型的第三方还款方式。

如今第三方支付公司兴起，主要通过快捷、灵活的方式满足客户的需要，比如支付宝、银联在线、拉卡啦、快钱等公司采用网银网关、POS、自有账户等方式还款，受到越来越多年轻人的青睐，同时银行也逐渐认可这类方式，在各银行渠道内推广宣传。

3. 国外用卡方式

现在越来越多的朋友到国外旅游、购物，出国留学也成了许多学生的选择，要说一下国外用卡的技巧。

国际卡及单双币卡。目前著名的卡包括 VISA、万事达、美国运通等，我国的银联作为后起之秀已经在 40 多个国家建立办事处，也就是说能够在这些地区享受 POS 和 ATM 的刷卡优惠。

目前国内发行的信用卡分为双币卡和单币卡（通常指银联卡）。双币卡就是一张信用卡同时有人民币消费和外币消费两种功能。目前国内大部分信用卡都是 VISA 或万事达以“4”、“5”BIN 号开头的卡，卡上既有 VISA 等组织标志又有银联标志，由于我国实行外汇管制，所以 VISA、万事达等组织不能在我国发行纯人民币卡，所以采取人民币和外币双币模式，双币大部分是人民币 / 美元卡，也有部分人民币 / 日元、人民币 / 欧元卡。所谓的单币卡通常指的是银联卡，就是卡中只有银联的标志。在国内消费二者基本没有区别。

在国外消费有较大的差别。·方面，VISA、万事达卡等机构在国外有很多的合作商户，再加上合作银行的支持，持有这些卡可以根据具体的促销活动享受很多优惠，尤其在节假日。

银联近几年也在加大拓展国外合作商户的力度，并且由于人民币的地位逐步上升，越来越多的外国商户认识到中国人的消费能力，相信今后持有银联卡也能在国外享受更多的打折促销优惠。

另一方面，对于外币兑换手续费，双币卡与银联卡有本质的区别。比如在泰国旅游消费，你持有一张人民币 / 美元双币卡，那结算的时候先是将泰铢换成美元，再将美元换成人民币，中间有一部分兑换手续费，当然你还要承担一定的汇率风险。如果持的是银联卡，并且 POS 支持银联网络，只要向收银员提示使用银联网络，这样你就能免除货币转换费和跨境交易费。

因为银联是将当地货币金额直接转换为人民币扣款，另外，ATM 取现费用也相对低廉。因此出国消费前一定了解目的地的用卡环境，能够省下不少费用。

用卡过程中有很多技巧，大家要经常关注银行卡组织等相关网站。目前国内用卡环境逐步完善，但还属于信用卡推广期，因此各银行、卡组织都投入大量精力搞市场活动，比如消费多倍积分返还、消费抽奖等层出不穷，所以多留心，多获益。

4. 信用卡使用风险防范

（1）办卡时注意信息安全。

在申请卡的时候一定要注意细节，因为按照各行的要求，需要提供包括身份证信息、亲属信息、甚至薪酬收入等信息，这些信息是否足够安全呢？所以建议你办卡时一定注意以下三项：

尽量使用正规渠道，去银行柜台、银行网站申请卡；

在留下身份证复印件时，最好用笔写上“复印无效”的字样，以防被冒用；

提交申请表后，可以打银行客服电话咨询办卡进度，以确认是否将申请材料递交到信用卡中心。

目前由于推广人员大都属于外包或者临时员工，离职率较高，因此要多采取小技巧保管好自己的信息。

（2）申请办卡协议条款要看清。

一些人办卡的时候是一边看着礼品，一边填申请表，对表里的条款、协议经常忽略，其实这是非常不利的。虽然条款中有很多专业术语比较难懂，但越是难懂的词汇越要搞清楚，可以咨询客户经理，否则今后会受到损失。因此，认真、仔细地审读条款是非常重要的，这是保障我们利用信用卡方便与实惠的权益基础。

（3）熟悉卡的品种和功能。

有些持卡的朋友经常把信用卡和借记卡混淆，一些人凭借此前使用借记卡的习惯，主观地认为信用卡也是这样或者类似，比如用信用卡提现不及时还款，把信用卡作为借记卡或者存折存款，这些虽然没有实质的风险，但是能够看出，你没有真正明白信用卡的用途，一旦透支，用卡时势必会带来潜在的隐患。所以建议你在办卡、用卡时多咨询银行专业人员，务必不要主观臆断行事。

（4）免年费的信用卡并非“免费午餐”。

现在的信用卡年费第一年基本免除，第一年刷卡一定次数后，第二年也会免除，办卡时又能看到小礼品，所以有些朋友来者不拒，认为这是免费的午餐。实际上年费减免并不是年年免，通常第三年后开始陆续收取年费，而且这种年费收取，银行不会主动通知客户，所以一些人的银行卡会因为年费而透支，不断滚动的利息会让你资金悄悄溜走。

（5）不能忽视还款的零头。

我的同事小李是个急性子的小伙儿，平时比较粗心。到了信用卡还款的时候，看了一下账单是900.34元，就拿900元现金到ATM机自助存上了。可想不到的是，银行在下个月对他进行了罚息，而且不是按照0.34元，而是900.34元。小张一气之下去银行柜台理论，可是当拿到信用卡合同的时候，发现确实这符合规则，而且自己也确认签字了，所以只能自认倒霉。

生活中这样的例子很多，很多人忽视了零头的存在，有的甚至认为可以四舍五入，这都给自己带来不必要的麻烦。你在享受信用卡透支消费的同时，要非常清楚自己的欠款金额和还款日，这是非常必要的。

（6）信用卡挂失要及时。

在我们周围，有些朋友由于不小心丢失了信用卡，不及时挂失，因为考虑到挂失费用比较高，自己还有其他行的信用卡，所以存在侥幸心理。殊不知这是非常危险的。

由于很多银行的卡是不需要密码的，只是凭借签名就可以消费，所以不法分子在获得你的卡后，会找一些小店透支消费，这些小店没有摄像头等监控设备，而且很难取证。

所以在发现信用卡丢失或者被盗后，要及时致电客服中心或到银行柜台申请挂失，即便在挂失前被人盗用刷卡，如果你是采用凭签字（无密码）消费的，只要在 24 ~ 72 小时（根据各行各卡规则）内出现的这类案件，银行会给予免除还款的，但需要客户到派出所报案，并将派出所出示的报案证明传真或快递到信用卡中心，经过确认后免除赔偿。

小小一张信用卡承担了信用消费、信用贷款的功能，用好信用卡能够为你的生活带来便捷和实惠，忽视信用卡规则、靠自己主观臆断和习惯使用卡，会给你的正常生活带来烦恼和损失，甚至影响你的信用额度。

基金投资技巧

基金是一种适合长期持有的投资方式，它可以通过复利效应给你带来意想不到的收益。基金作为投资理财品种的一种，是通过向社会公开发行基金单位筹集资金，并将资金用于证券投资。基金持有人对基金享有资产所有权、收益分配权、剩余财产处置权和其他相关权利，并承担相应的义务。

在我国，规范基金只有十几年的历史，但其发展速度却不容小觑。如今，中国的基金市场已经初具规模，越来越多的投资者开始把投资对象转为基金，那么，在投资基金的时候到底有哪些技巧可以让投资者获得最大的收益呢？下面我就从培训中大多数学员提出的几个问题来分析投资基金的一些技巧。

1. 投资基金前，你要做什么？

基金是一个大家庭，包含很多基金品种。在投资基金之前，投资者一定要仔细地了解每一个基金品种，避免胡乱投资造成不必要的损失。

（1）根据交易方式的不同，证券投资基金可以分为封闭式基金和开放式基金。封闭式基金是指基金规模在发行前已经确定，发行完毕之后，在规定期限内，基金规模固定不变，投资者不能赎回基金单位。在我国，这个期限最少是5年。当然，特殊情况且符合法律规定的情况下，封闭式基金可以进行扩募。而开放式基金的规模并不是固定不变的，投资者可以随时根据市场的情况赎回。

购买封闭式基金需要付出一定比例的证券交易税和手续费，而购买开放式基金只需缴纳相关费用，如首次认购费、赎回费等。因此，一般而言，购买封闭式基金的费用要远远高于开放式基金。

（2）根据组织形态的不同，投资基金可以分为公司型基金和契约型基金。公司型基金是指基金通过发行基金股份成立投资基金公司的形式设立；契约型基金则是指由基金管理人、基金托管人和投资人三方通过签订基金契约的形式发行受益售证而设立的投资基金。目前我国的投资基金均为契约型基金。

（3）根据投资风险和收益的不同，投资基金可以分为成长型基金、收入型基金和平衡型基金。成长型基金是指把追求资本的长期成长作为投资目的的基金；收入型基金是指以为投资者带来较高的当期收入为目的的基金；平衡型基金是指以支付当期收入和追求资本的长期成长为目的的基金。

（4）根据投资对象不同，投资基金可分为股票型基金、债券型基金、货币市场型基金、期货型基金、期权型基金、指数型基金以及认股权证型基金等。股票型基金是以股票为投资对象的投资基金，其收益为股票上涨的资本所得，因此基金净值随其投资的股票市场价格涨跌而不断变动，风险较高。债券型基金是指以债券为主要投资标的的投资基金，利息收入是其主要收益来源，因此，收益普遍呈现稳定成长。不过，汇率的变化和债券市场价格的波动往往也会影响到债券型基金的价格，所以还是有一定的风险。货币市场型基金是指投资于货币市场上短期有价证券的投资基金，其收益有很强的稳定性，风险较小，但其利率要明显高于银行的利率。期货型基金是指以各类期货品种为主要投资标的的投资基金。期权型基金是指以能分配股利的股票期权为投资标的的投资基金。指数型基金是指以某种证券市场的价格指数为投资标的的投资基金，目标是基金净值紧贴指数表现，操作简单，投资收益高。认股权证型基金是指以认股权证为投资标的的投资基金。

（5）根据投资货币种类，投资基金可分为美元基金、日元基金和欧元基金等。美元基金是指投资于美元市场的投资基金，日元基金是指投资于日元市场的投资基金，欧元基金是指投资于欧元市场的投资基金。

（6）根据资本来源和运用地域的不同，投资基金可分为国际基金、海外基金、国内基金、国家基金和区域基金等。

虽然基金相对于股票来说，风险较小，但依然存在一定的风险。所以，投资者在购买基金的时候，一定要充分了解每个基金种类的特点，同时结合自身的实际情况，根据自己的年龄、收入情况、财产状况与负担、时间与精力、投资收益目标与年限、自己的风险承受能力等来决定应该选择哪一种基金进行投资。

此外，各个基金管理公司的背景、投资理念、内部制度、市场形象、旗下基金的历史业绩以及公司的员工素质、客户服务等情况各不相同，必须在充分了解之后，选择一家值得自己信赖和符合自己投资风格的基金管理公司。

最后需要强调的是，不要对基金投资收益抱过高的期望，要客观分析每种基金的风险和收益，以往的业绩并不能代表基金未来的表现，短期的业绩也不能代表基金的长期表现。

2. 如何看待基金净值？

基金净值是指当前的基金总净资产除以基金总份额，即每份基金单位的净资产价值。对于投资者来说，到底是购买低净值的基金还是购买高净值的基金更能获得较好的收益呢？

其实，基金净值高的基金只能说明该基金在以往的历史中投资实力强，也就是基金经理的操作能力较强；而基金净值低的基金则说明该基金在过去的投资实力弱。所以，净值高低并不能作为判断基金好坏的依据。不过，一般而言，高净值的基金往往会有较高的回报，因为其基金经理的操作能力已经得到证实。相对而言，低净值的基金虽然潜力较大，风险也相对较大，投资者在购买时一定要谨慎。

我认为，选择基金时不要把净值的高低作为唯一的标准。高净值不一定不好，低净值也不一定绝对好，在选择的过程中一定要结合基金公司及经理以前的业绩以及基金种类的特点等综合判断。

3. 怎样进行基金定期定额投资？

基金定期定额投资，是指投资者在有关基金销售机构约定每期的扣款时间、扣款金额及扣款方式，由基金销售机构在约定的扣款日从投资者指定银行账户内自动完成扣款和基金的申购。定期定额购买基金是一种适合普通百姓的理财方式，因为其每次投入的金额较小，而且投资者可以通过一次约定，就能让钱长期自动地工作。

从定期定额投资基金的特点来看，这种投资方式一般适合手中没有太多积蓄，也没有太多时间亲自在营业时间到金融机构办理申购手续的上班族，以及一些风险承受能力较低的投资者。而收入不稳定的投资者在选择定期定额投资基金时一定要谨慎，因为这种投资方式需要投资者每个月拿出一定资金供基金公司扣款。按照目前基金公司对定期定额投资基金的规定，扣款日内投资者账户中资金余额不足的话，就会被视作违约，超过一定的违约次数，定期定额投资计划就会被强行终止，从而给投资者带来一定的损失。

另外，选择定期定额投资基金的投资者一定要做好长期投资的打算。如果投资者在购买定期定额投资基金之后，很快就办理赎回，就无法体现出定期定额投资基金“长期均摊成本”的优势，也就难以达到这种投资方式的预期效果。如果能坚持长期扣款原则，选择波动幅度较大的基金进行定期定额投资往往更能获得较高的回报，而且风险较高的基金的长期报酬率也胜过风险较低的基金。所以，如果投资者有较长期的理财规划，比如10年、20年等，不妨选择一些风险较高的基金进行定期定额投资。

从我个人经验来看，定期定额投资基金还有一个小技巧，那就是投资金额不要超过你总收入的1/3。否则，很容易出现一些意外事情迫使你中断这项投资，使你陷入财务危机。

4. 投资基金省钱小策略

与购买股票相比，基金购买的手续较为繁琐，而且手续费也较高。如果能够降低一定的购买费用，那么就等于提高了基金的收益。下面，我就介绍几种投资基金省钱的小窍门。

（1）选择直销渠道购买基金。

一般来说，通过基金公司的直销渠道购买基金要比代销渠道便宜，而电子直销渠道又要比柜台直销渠道便宜。现在很多基金公司都有自己的网站，只要用与他们公司有合作的银行账户作为关联账户，然后把自己的资金存到相应的银行卡里，然后登录基金公司的网站，就可以操作了。这种方式既便捷又便宜，而且网上打折也可以使投资者直接分享到基金的费率优惠。

选择网上购买基金需要注意“T+1日”的确认规则。所以，投资者要避开节假日，不要选择周五或周末购买基金。而赎回股票型基金资金是“T+3日”到账，所以，如果投资者购买的是股票型基金最好选择周一或周二赎回，这样能保证资金在本周内即可使用。

此外，选择直销渠道购买基金除费率低外，由于是直接在基金公司购买基金，在认购期间，抢购优质基金的成功率也更高。

（2）基金红利再投资。

投资者在购买基金一段时间之后，一般都会获得分红。目前，基金的分红方式有两种：现金分红和红利再投资。很多基金公司为了鼓励投资者继续购买基金，对红利再投资都不收取申购费。投资者选择红利再投资不仅能够节省申购费用，而且可以享受到复利效应，提高投资收益，而且基金分红的次数越频繁，持有的时间越长，收益的差别就会越明显。

（3）转换业务做桥梁。

投资者在进行换仓操作时，往往需要先赎回一只基金，然后再申购员一只基金，不仅需要支付高额的手续费，而且耗时耗力。现在很多规模大、实力强的基金公司都推出了开放式基金相互转换业务。投资者只要在同一家基金公司旗下的不同基金之间进行转换，就可以享受费率优惠政策。因此，投资者在投资基金时可以选择一家实力较强的基金公司，投资过程中在该公司旗下的不同基金中进行转换，可以省下不少手续费，同时还能规避市场风险。

（4）选择后端付费，利用时间价值节约投资成本。

大多数基金购买方式都有前端付费和后端付费两种。前端付费是指购买时就支付申购费，而后端付费是指卖出时才付申购费。一般基金产品都有后端付费的时间规定，只要投资者持有一定的时间，就可以享受到手续费方面的优惠，而且持有的时间越长，享受的优惠往往也越大，直到手续费为零。因此，如果投资者看好某只基金，同时又有长期持有的打算，不妨选择后端付费的方式。

（5）投资货币市场型基金。

货币市场型基金的认购费、申购费、赎回费均为零，而且资金进出非常方便，既降低了投资成本，又保证了资金的流动性。当然，货币市场型基金的收益相对其他类型的基金来说较低。

（6）保本型基金不要过早赎回。

保本型基金为了阻止投资者提前赎回一般都设置了递减的赎回费率，越早赎回基金所付出的赎回费用也就越高。因此，如果投资者不急需用钱，最好不要过早赎回。

（7）投资债券型基金选择 C 类。

C 类债券型基金没有申购费，只收取一定的销售服务费。销售服务费和管理费类似，按日收取，且销售服务费按前一日 C 类基金资产净值的一定比例的年费率计算。

债券投资技巧

在众多投资产品中，债券投资以其低风险、收益稳定等优势受到广大投资者的青睐。对于投资者来说，债券的收益高于银行存款，但低于股票投资，但其收益比股票投资更为稳定，所以很适合略趋保守的投资者。

1. 债券投资种类有哪些？

目前我国债券市场上主要有以下几种债券投资种类：

（1）国债：财政部代表中央政府发行的债券，以国家信用作为偿还的保证。

国债是目前债券市场上流动性最好、风险最低的债券。从债券形式来看，我国发行的国债又分为凭证式国债、无记名式（实物）国债、记账式国债三种。凭证式国债实质是一种国家储蓄债，可记名、挂失，以“凭证式国债收款凭证”记录债权，但不能上市流通，并从购买之日起计息，经办机构按照本金的2‰收取手续费。在持有期内，投资者如果急需用钱，可以到购买网点办理提前兑取，除偿还本金之外，利息则按照投资者实际持有天数及相应的利率档次计算。无记名式（实物）国债是一种实物债券，以实物券的形式记录债权，面值不等，不记名、不挂失，而且可以上市流通。记账式国债是以记账形式记录债权，通过证券交易所的交易系统发行和交易，可以记名、挂失，而且可以上市流通。

值得一提的是，投资者购买国债的利息收入免征个人所得税。

（2）金融债权：由银行和非银行金融机构发行的债券。

目前我国的金融债券主要由国家开发银行、进出口银行等政策性银行发行。一般来说，金融债券的稳定性比其他非金融机构债券的稳定性要高。所以，金融债券的利率通常低于一般的企业债券，但高于风险更小的国债和银行储蓄存款利率。

不过，金融债券一般面向机构投资者发行，在银行间债券市场交易，个人投资者无法购买和交易。

（3）企业债券：企业依照法定程序发行，约定在一定期限内还本付息的债券。

目前我国债券市场的企业债券包括普通企业债券和可转换（公司）债券两种。普通企业债券均在中央国债登记结算公司登记发行，发行后可申请到证券交易所上市交易。而可转换（公司）债券则在证券交易所发行并上市，在一定条件下可以转换为公司股票。

2. 债券投资适合哪些人？

债券投资具有较高的安全性、较好的流动性等优点，一般情况下，即使经济环境有所变化，债券投资的收入也大都会很稳定，不会出现过大的波动。因此，对于保守型的投资者来说，债券投资是不错的选择。但是，债券投资并非适合所有投资者。如果你的风险承受能力较高，而且希望挑战较高的收益率，最好不要选择债券投资，否则很有可能会失望。

另外，投资债券要做好长期持有的打算，否则中途转让很容易因为手续费过高而降低收益率。很多中老年投资者，都偏好于买国债，因为其收益稳健，但其中也有一些需要注意的风险。比如对于投资期限高于三年的中长期投资者而言，在保值与非保值国债中最好选择保值国债券种。在国债现货市场价格受周边市场变化影响而出现偏离时，投资者应该顺势而为。

3. 债券投资风险的管理

作为投资产品的一种，不要妄想债券投资能够规避所有的投资风险。这个世界上，有收益就必然有风险。一般来说，债券投资的风险主要有以下几种：

（1）利率风险。

利率风险是指市场利率变动导致债券价格与收益发生变动的风险。一般市场利率波动和债券价格呈反方向的变化：当市场利率上升时，债券的价格就降低；当市场利率降低时，债券的价格就上升。此外，债券利率风险与债券持有期限的长短密切相关，持有的时间越长利率的风险也就越大。因此，投资者应当在债券的投资组合中长短期配合，以保证不论市场利率如何变化，债券投资都能保持较高的收益率。

（2）价格风险。

价格风险是指债券投资者打算出售或转让债券时，其所持有的债券不能按目前合理的市场价格在短期内出售或转让而出现的风险。这是债券本身带有的风险，要规避它，就只能靠投资者的眼光和长期的规划。

（3）通货膨胀风险。

通货膨胀风险又称为购买力风险，是指由于通货膨胀而使债券到期或出售时所获得的现金的购买力减少，从而使投资者的实际收益低于名义收益的风险。要规避这种风险，投资者最好在投资债券时，还选择一些其他的投资产品进行组合，比如股票、基金等。

（4）政策风险。

政策风险是指由于国家或地方政府的经济政策变化而导致债券价格发生波动而产生的风险。

（5）违约风险。

这种风险大多发生在企业债券中。在进行企业债券投资时，由于各种原因可能导致企业不能按时支付债券利息甚至无法偿还本金，从而给投资者带来一定的损失。为了减少这种风险，投资者在投资前，一定要多了解发行债券企业的经营情况，同时多方了解一下企业的信用评价，然后再做决定。

例如，在20世纪90年代，企业债券风行一时，几乎家家户户都有企业债，当时利率在8% ~ 10%左右。能够到期返本付息的占多数，但是有些企业由于经营不善，倒闭破产，致使不能偿还投资人本金和利息。

再例如，1993年，东北的一家经营电子的企业发行内部股票，由于企业产品没有销路，资金链断裂，自始至终未上市，最后破产。作为投资人自认亏损。我当时没有什么经验，也买了1000元的内部股票，至今损失在手中。

（6）收回风险。

有些债券规定发行者可以提前收回，投资者将面临收回风险，因为可收回债券的利息收入具有很大的不确定性。同时，如果市场利率下降，发行公司提前收回债券，就会给投资者造成承担了利率上升的负担，却没有享受到利率下降的好处的风险。

（7）税收风险。

对于免税债券投资来说，税率越高，免税的价值就越大，如果税率下调，那么免税的实际价值就会相应减少，债券的价格也会随之下降。而如果税收机构取消免税优惠，投资者同样将面临一定的收益损失。

风险规避是投资人必须掌握的知识和技能。面对着债券投资过程中可能会遇到的各种风险，投资者应认真对待，利用各种方法和手段去了解风险、识别风险，寻找风险产生的原因，然后制定风险管理的原则和策略，运用各种技巧和手段去规避风险、转嫁风险，减少风险损失，力求获取最大收益。

在进行债券投资之前，应通过各种途径，充分了解和掌握各种信息。不仅要准确分析各种政治、经济、社会因素的变动情况，了解各种经济形势以及经济政策尤其是财政政策和货币政策的变动趋势，还要关注银行利率的变动，以及影响利率变动的各种因素，比如通货膨胀、失业率等。对于企业债券投资者来说，还要了解企业的信用状况、经营情况、发展前景以及企业的财务状况等。

此外，还要进一步了解和把握债券市场的以下各种情况：债券市场的交易规则、市场规模、投资者的组成，以及基本的经济和心理状况、市场运作的特点，等等。

保险投资技巧

随着人们安全意识的增强，保险越来越被人们所认同，每到年末，很多消费者开始着手新一年的理财计划，而购买合适的保险则成为其中一项重要指标。

1. 什么是投资型保险？

投资型保险是保险公司推出的一种投资保障型的产品，它属于创新型寿险。最初西方国家为防止经济波动或通货膨胀对长期寿险造成损失而设计的一种保险产品，后来慢慢演变为客户和保险公司风险共担、收益共享的一种投资工具。

我们购买保险通常是为了确保未来经济生活有保障，或对特定危险事故的发生所导致的损失有所补救和帮助。而投资型保险还拥有投资的功能，选择正确的投资保险，就能享受到避险保障和活力的双重功能。具体来说投资型保险有如下特点：

（1）稳健的投资功能。

由于保险资金投资运用要求具有稳健性、安全性，因此投资型保险产品结合了保险和投资功能，既有保险，又具有储蓄、保值增值功能。

（2）财产信托功能。

保险公司通过社会资金融通投资实现了对客户资金的稳健增值，同时根据客户的不同需求具有灵活领取的特点，实现着“受人之托代人理财”

的信托职责。

（3）转移风险功能。

投资型保险自然也有保险的基本功能，即对人身风险、财产风险都有一定的保障功能。

投资型保险是在原有传统型保险的基础上发展演变而来的，两者最大的差异在于前者将投资的选择权和风险转嫁给客户，而后者是由保险公司将保费进行投资，并保证客户的到期利率，客户无须为保险公司的投资盈亏承担任何风险。而在其他方面，传统型保险与投资型保险还有着如下区别（见表 7–2）：

表 7–2　　传统型保险与投资型保险的区别

类　别	传统型保险	投资型保险
保费缴纳方式	定期、定额	不定额、不定期
保险金额	额度固定	不固定
现金价值	回报有保证	通常没有保证
投资风险	保险公司承担投资风险	客户自行承担投资风险

投资者在购买投资型保险时要结合自己的现实情况，对所选择的保险产品彻底了解后再进行投保，在投资前制定一个合理的投保计划，具体来说可以从两方面来考虑：

（1）自我分析，有的放矢。

掌握家庭财务现状，包括投资、融资、储蓄和消费情况等，以及清楚地认识到家庭成员的构成与变化，以便对未来做出计划。如果自己分析不清楚，可以请理财顾问来帮助自己，这样很容易确认需求，从而“对症下药”。

（2）遵循原则，长远考虑。

在充分进行自我分析后就可以通过各种保险产品的比较，制定自己可以接受的原则，在符合投保原则基础上确定适当的保额，选择出适合自己的产品。对于家庭经济支柱和子女的保费要区别开来，这样既节省资金，又能选择适合个人身份的保险。

2. 怎样购买保险更安全？

某一年，有一地区消费者协会收到投诉，某投保人在保险公司购买保险之后，发现合同内容与保险公司工作人员所介绍的情况不符，因投保人无书面或录音等证据，消费者协会无法认定这名工作人员对消费者有欺诈行为，使投保人在短期内就损失了几千元。

对此，在这里我要告诫大家，购买保险一定要慎重。首先，要按照目标规划来执行，认真考虑保险代理人介绍的产品是否真正需要这类保险保障。商业保险种类繁多，不同险种保障功能各有侧重，应仔细衡量各家保险公司、各类保险产品的优劣，并对受益情况加以了解。

其次，不要被保险代理人员的夸大宣传所迷惑，要充分了解投保品种的真实情况后再决定是否投保，并认真考虑保险投保时间与到期利益的价值。千万不能随意退保，提前退保对投保人而言是一笔很大的损失，有时甚至只能拿到最初投保时的三分之一的资金。因此，投保前理财规划是奠定我们合理配置资金的基础。

值得一提的是，保险是让我们强制储蓄，规避风险，合适的保险我们也是必须要有的，比如：意外保险、重大疾病保险、医疗保险以及孩子的教育金和养老保险，必须定期投入，到期才能使用。在国际上一些发达国家人人都有保险。

在保险功用上有一句话：平时当存钱，遇事不缺钱，看病有医钱，小钱换大钱。

3. 如何投入保险可增值？

提起理财，可能大多数市民想到的都是买股票、买基金，其实保险在投资者的资产配置中也同样重要，保险产品具有独特的保障功能，购买具有理财功能的保险产品也可应对通货膨胀。

投资保险与买基金证券不同，要合理配置自己手里的资金，保险与证券、基金不同的地方在于：

（1）保险首先还是安全保障产品，就是说投资者在购买保险的时候，将获得相应的保险保障，而基金或是股票，都是没有这些功能的。

（2）保险和证券、基金等产品相比，比较稳健，投资者得到保险的赔偿也好，或是得到保单的投资收益也好，都比通过购买基金、股票得到回报的稳定性高，风险更低。

（3）在回报收益方面，虽然保险产品不如基金产品和股票，但保险产品风险低，同时还有其他的保障功能，在金融危机时期，保险的功用是其他任何产品比不上的。

有一网友小王担心随着物价的上涨，保险产品的价值也降低了。怎样来解决这个问题呢？ 2007 年东北新闻网就网友的疑问特邀请我在网上答疑解惑，下面看看问答实况：

网友问：投资者选择理财型的保险产品，会比选择保障型产品更好地应对通货膨胀吗？

答：在商业保险中，比如投连险，保单现金价值可以随着投资账户里的收益不断提升。因为投资账户里的资金绝大部分可以投到资本市场、股票市场，这样可以在相当程度上抵御通货膨胀。买一些投连险、万能险，可以在一定程度上减少通货膨胀给保单现金价值带来的“缩水”。

另外，投资者要注意有些产品的设计，比如对于有的养老年金产品，投资者担心长期内会出现贬值，担心退休后钱不值钱了。这样就可以买一些给付保险金递增的保险，如果通货膨胀不断，投资者每年的保险金也是不断增加的。

其实，股市走势对不同保险理财产品的影响是不一样的，对投连险影响最大，然后是万能险，最后是分红险，对保.障型产品则没有什么影响。

网友问：分红险、万能险、投连险都具有投资功能，投资者要怎样选择呢?

答：金融产品的风险特征是不一样的，传统产品的保障风险相对比较低，所以对于风险偏好比较低的人这样的产品是比较合适的。但对于风险偏好更高一点儿的消费者，可以购买具有投资功能的产品，比如分红险、万能险、投连险。这三个险种，像分红险有很大的保障功能，同时也有一部分理财功能，万能险、投连险的投资功能更多一些。因为这三个产品资产配置的结构是不一样的，提供的保障程度和保值增值能力也是不一样的。所以，不同的产品适合于不同风险偏好的消费者，不能一概而论。

健康类产品一般不附加分红或理财功能。消费者如果需要，在购买投连险的过程中可以附加重大疾病附加险，有附加险就可以获得保障功能。

4.银行投保注意事项

现在很多保险公司推出的投资型保险产品选择银行作为销售渠道之

一，和专职的保险代理人相比来说，投保人往往更容易相信银行业务员。

投资者要明确一点，其实银行也只是个销售渠道而已，并不能保证在银行购买的保险产品就一定是无风险的。

投资者在银行购买保险产品时，有以下几点需要注意：

（1）在银行购买保险不等于银行储蓄。

投资型保险产品是集投资理财与保障功能于一身的金融工具，但不可等同储蓄。银行储蓄灵活方便，存取自由，但它不能提供本金及利息以外的任何保障。而保险产品保费及相关利益交付或取得都有明确的规定或约定，它具有一些可期待的收益，同时具有一些人身保障。

（2）银行不能替代保险公司。

通过银行买保险，出了问题银行并不负责。银行只代理销售保险，其他售后服务、理赔事项统统由保险公司承担。当然保险公司只能按照保险合同的约定履行相关责任和义务。

（3）要选择适合自己的产品。

投资人在购买时要注意鉴别，选择适合自己的保险产品。

投资者在银行购买保险产品前，最好还是再向专业的保险代理人咨询一下相关条例的功能权益，以得到更为全面的保障分析和合理建议。

5. 购买保险的六项原则

（1）“货比三家”挑选保险产品。

即便是类似种类的保险产品，在不同的保险公司也会有不同的规定，比如责任范围、观察期长短、收益率多少、免责多少等。投资者可以挑选性价比最优秀的一家公司的产品。

（2）购买保险要有主见。

一定要选择适合自己的保险产品，不能人云亦云。因为每个人面临的风险情况不同，实际需求也不同，在选择保险时，所需要的类型自然也就会有所不同。

（3）必须读懂保险条款。

保险相关事项和要求在合同里几乎都有明确描述，特别是要注意保险责任和责任免除这两大部分，不明白的应向保险公司的代理人咨询清楚，以免最后发生纠纷。

（4）购买保险不能碍于情面。

很多人买的保险产品都是亲友熟人介绍推荐的，虽然那并不一定适合自己，但碍于情面而买下，可能并没有多大作用，而退保的话又要蒙受无畏的损失，所以自己在没有考虑清楚时不要轻易购买。趸交与按期付款是相对应的，有的险种如人寿险的保险费是每年按期交的，而趸交就是一次性付清所有的保费。

（5）投保后注意事项。

妥善保管保险相关凭证；按照约定缴付保费；通讯地址变更时要及时办理变更手续；及时向保险公司申请给付。

一般保险合同规定，被保险人或受益人对保险公司请求给付保现金的权利，自其知道保险事故发生之日起 5 年不行使而取消。投保人需要注意的是，有些险种对索赔权的限期规定有别，投保人要仔细阅读保险条款，以免超出规定期限保险公司以自动放弃权益论处，而得不到保障。

（6）避免投资保险常见错误。

一般的投保者由于缺乏投保经验，或者不了解相关的知识而在投保时常犯下一些错误。借鉴下面的几条，尽量避免自己在投保时发生：

a. 选错保险代理人。由于没有选对专业的代理人，所以在保险规划上缺少正确的投保方案，以造成所买的保险产品无论从保障上，还是从投资角度来说，都无法满足自己的需求，而白占用了一笔资金。

b. 选错被保险人。很多投保人选择被保险人时常常选择经济上弱势的老人和孩子，而主要劳动力却没有任何保障。如果是一个家庭，首先应给家庭经济支柱投保，而且要尽可能足额投保，毕竟家长的安全和健康才是孩子的保障。

c. 选错保险产品。不少的投保人在连最基本的意外险和健康险都没有购买的前提下，就已经购买了各种投资型保险，结果就有可能每年交几万元的理财险，但当自己受到意外伤害或有健康问题时却无法得到保障。因此，投保人一定要有了基本保障型的保险后，再考虑投资型的保险产品。

1997 年，我接触保险产品时已近中年了，当时我在银行工作。一位保险专员向我介绍保险时，就强调这个险种利率 8%，比银行高许多，三年返 1000 元，复利计算，银行一年定期利率刚 3%，于是我一比较觉得划算就投保了，没有了解更多。其实保险不仅仅是利率高于银行，后来我发现我投保的保险是终身保险，除了利息高之外，还有意外和疾病风险保障。

其实保险产品很多，它们的功能各有区别，但说到底就是一个责任保障。比如一个 35 岁的青年人设立了家庭的财务目标后，除了自身努力外，还需要有一个防范功能，帮他实现目标，即培养孩子完成学业的规划。如果他突然出现意外，那么保险就像家中防盗门的功能一样，也像足球场上的守门员一样，预防突发情况，避免责任中断，保险可作为延续他孩子成才目标实现的助力车。

黄金投资技巧

马克思在《资本论》里写道:“货币天然不是金银,但金银天然就是货币。”作为特殊的贵金属，黄金目前依然是世界各国所青睐的主要国际储备。

如今，黄金已经成为投资理财中重要的投资产品之一。几乎所有的投资理论都强调黄金投资的重要性，认为在投资组合中必须为黄金保有一席之地。特别是通货膨胀时期，作为对抗通货膨胀最好的投资产品，黄金更是投资组合中不可缺少的一部分。

1. 黄金投资的优势

（1）税收优势。

与其他投资产品相比，黄金的税收负担明显较轻，基本上只有黄金进口时的报关费用。任何一项投资的净收益都要去除一定的赋税，比如股票投资、房产投资等，虽然收益率较高，但税收比例同样很高。也许刚开始你觉得自己赚了不少钱，但当支付了一定比例的赋税之后，收益就会大大减少。相对来说，黄金就不需要考虑这方面的风险因素。

（2）流动性较好。

在黄金市场开放的国家，任何人都可以在公开的场合进行黄金交易，而且黄金还可以像礼物一样进行自由转让和赠送。相对而言，房产、股票、股权、债券等投资产品的转让，都需要办理过户手续，其流动性明显没有黄金那么优越。

（3）价值久远。

黄金由于其自身的特性，虽然时间会让其失去光泽，但价值并不会有太大改变，更不会出现大幅度贬值的情况。

（4）能够有效对抗通货膨胀。

任何投资产品都会受到通货膨胀的影响，只有黄金会随着通货膨胀而相应的上涨。当货币不断贬值，人们更愿意把手中的钱变成实实在在的黄金。

（5）交易时间灵活。

目前，全球的黄金市场主要分布在欧、亚、北美三个区域。全球各大金市的交易时间，以伦敦时间为准，形成伦敦、纽约（芝加哥）连续不停的黄金交易，见表 7–3。

表 7–3　　黄金交易时间表

惠灵顿	9:00~17:00																								
悉尼			9:00~17:00																						
东京					9:00~15:30																				
新加坡						9:00~16:00																			
法兰克福											8:30~17:30														
伦敦												8:30~17:30													
纽约																		9:00~16:00								
北京时间	4	5	6	7	8	9	10	11	12	13	14	15	16	17	18	19	20	21	22	23	24	1	2	3	4

从黄金交易时间表中可以看出，投资者 24 小时都可以进行黄金交易。

2. 黄金投资的品种

黄金投资的品种可分为五大类：金块、金条、金币、金饰品和纸黄金。

其中，纸黄金是由银行办理的一种账面上的虚拟黄金，其他种类均为实质性黄金产品。

（1）金块、金条。

金块、金条是最传统的黄金投资品种。投资金块、金条的优点是不需要佣金和相关费用，附加支出不高，投资者基本上可以以接近原料金的价格买进，而且流通性强，可以立即兑现。通过先进的工艺制造出来的金块、金条图案精致，适合收藏和馈赠，且具有较好的保值功能，对抵抗通货膨胀有一定的作用。

投资金块、金条时最好购买世界上公认的或当地知名度较高的黄金精炼公司制造的金块、金条，同时还要妥善保管有关单据，确保金块、金条外观，包括包装材料和金块、金条本身不受损坏，以方便再售出。

不过，投资金块、金条需要占用一部分现金，而且在保证黄金实物安全方面有一定的风险。所以，想要选择金块、金条为投资对象的投资者最好有一定的闲散资金，想做长期投资，不在乎短期内黄金价格的波动，而且还要有一定的保管能力。

（2）金币。

金币投资的价值主要在于收藏，其投资功能并不大。金币主要有两种：纯金币和纪念性金币。

纯金币的价值基本与黄金含量一致，但其价格和等量金块价格相比，总要略高一些。纪念性金币由于发行量有限，选料严格、设计水平较高、制造工艺难度较大，从而具有较大的增值潜力。纪念性金币一般都是流通性币，都标有面值，不需要按黄金含量换算兑现，因此流通性比纯金币更强。

由于金币的制作工艺复杂，市场波动较大，所以投资者必须对金币有一定的了解，否则投资起来会遇到很多困难。

（3）金饰品。

金饰品由于制作的劳动成本较高，且都算在购买价之内，因此买进时价格往往高出实际黄金含量很多，而卖出时却是“认量不认型”，按照实际黄金含量计价。而且，金饰品抗风险的能力相对来说较差。所以，选择金饰品作为黄金投资的品种是非常不划算的。

不过，如果你是珠宝首饰的爱好者就另当别论了。

（4）纸黄金。

纸黄金是现代才产生的一种黄金投资模式。纸黄金交易过程中没有实际黄金介入，投资者不必进行黄金实物的买卖及交收而是采用记账的方式来投资黄金，因此，它也称为“记账黄金”。由于不涉及黄金实物的交收，也不用缴纳税金，所以交易成本更低。

3. 黄金投资市场的风险特征

（1）风险的客观性。

黄金投资风险是客观存在的，是由客观存在的不确定因素造成的，不会因为投资者的主观意愿而消失。

（2）风险的广泛性。

在黄金投资市场中，风险几乎存在于各个环节，从投资研究、行情分析、投资方案、投资决策、风险控制、资金管理、账户安全、不可抗拒因素等，都广泛存在着各种风险。

（3）风险的可预见性。

影响黄金价格波动的因素有一些是可以观察、研究、分析的。投资者可以通过对这些因素的研究分析预见黄金投资可能存在的风险。

（4）风险的相对性和可变性。

黄金投资的风险大小是相对于投资者选择的黄金投资品种而言的，比如投资金块、金条和投资纸黄金的风险大小肯定是不同的。所以，风险不可一概而论，有很强的相对性。同时，投资者的投资收益可能会随着那些影响黄金价格因素的变化而变化，并且有可能出现盈利和亏损反复变化的情况，因此具有可变性。

4. 个人如何投资黄金

（1）实物黄金投资。

对一般投资者而言，投资黄金选择实物无疑更实在。在我国，实物黄金交易量在黄金交易市场中占据相当大的比例。尤其是对于那些日常工作忙碌，没有足够的时间经常关注世界黄金价格波动的情况，不想追求短期黄金价差的利润，而且又有充足的闲置资金的投资者来说，投资实物黄金是最好的选择。那么，投资者可以通过哪些渠道投资实物黄金呢？

金店是大多数人购买黄金产品的一般渠道。但是，通过金店购买的黄金产品一般都是黄金工艺制品以及黄金首饰等，其收藏、鉴赏价值要远远大于投资价值。尤其是一些黄金饰品，在买入和卖出时价格差距较大，投资意义不大。

投资者还可以通过银行渠道购买实物黄金，包括金块、金条、金币等。这些实物黄金的价值和其黄金含量紧密相关，即使贬值也会有相当的价值，但是投资时间要长久。像 2013 年 5 月份“中国大妈”买黄金热潮是个沉痛的教训，买到后短短半个月，大部分人手中的黄金价格就损失了 20%，因此说，当黄金进入流通领域后，投资风险也会存在。

此外，投资者还可以通过黄金延迟交收业务平台投资实物黄金。黄金延迟交收是指投资者按即时价格买卖标准金条后，延迟到第二个工作日后任何一个工作日进行实物黄金交收的一种实物黄金交易模式。通过这种渠道投资实物黄金，投资者既可以购买实物黄金，又可以通过延迟交收机制“低买高卖”，利用黄金价格的波动赚取差价。

假设当年购买黄金投资，单纯从黄金原料价格（参照美元价格）的角度看，投资收益率应该为77.8%。但如果投资者购买的是黄金首饰，2001年时的买入价格最低为85 ~ 95元/克，一般金商收购旧金的回购价格最高也不超过110元/克。可见如果投资者投资黄金饰品即使世界黄金价格上涨了这么许多，同样也无法享受到黄金上涨的收益，投资首饰性黄金获得的大量投资收益，都将消耗到各种中间成本中了。

金币作为黄金实物投资产品之一，具有发行量小、材质贵重、有一定投资价值等特点。如果投资者选择金币作为投资对象，就必须注意金币的品相，购买之后要小心保管，否则品相变差就会导致出售时被杀价。另外，金币基本上都附有中国人民银行行长签名的证书，投资者在买卖的时候要认真查验，如果缺少证书会比较麻烦。值得一提的是，目前我国所有金币的售价相对金原材料的溢价水平较高，呈现出投机市场的特征，不适合长线投资。

（2）纸黄金投资。

纸黄金投资的流程比较简单，投资者到银行开个卡，然后开通证券功能以及网上银行，就可以在网上购买纸黄金了。目前国内的纸黄金产品主要有三种：中行的“黄金宝”、工行的“金行家”和建行的“账户金”。我是在工行办的卡，已经买了纸黄金，10克为起点，适合初学者操作。

金价是随国际金价波动的，我们称之为中间价，银行买卖有个差价，差价是 0.8 元 / 克，中间价是 200 元时，工行挂卖价为 200.4 元，买价为 199.6 元，这时你就要按 200.4 元从银行买，如金价不动，你想卖出的话，只能按 199.6 元卖给银行。只有金价上涨，银行买价高于 200.4 元时你才能赚钱。也就是说你买后涨 0.8 元不亏，再涨就会有收益。

纸黄金并没有实物交收的流程，投资者是向银行买，以后再卖给银行。对于想通过"炒金"赚钱的投资者来说，纸黄金的交易更加简单便利。纸黄金的报价方式一般有两种：按国内金价报价和按国际金价报价。无论采用哪种方式报价，纸黄金的价格一直在波动，按即时报价会马上成交，不按即时报价的话也可以报委托价，买时委托可以比银行卖价低一些，卖时委托可以比银行买价高一些，投资者的收益相对于即时报价来说要更加稳定。但报委托价的话，只有到了你的报价时才能成交，否则，就只能等。

网上买纸黄金，最低 1 克就可以购买，银行每克收 8 分钱的点差，别的没什么了，现在 1 克大概 350 元左右。你可以下载个纸黄金交易通软件，24 小时实时交易，很适合工薪阶层。

纸黄金和黄金操作差不多，只是纸黄金是记账式黄金。在网上银行操作也比较简单，利用闲暇时间就可处理购买和赎回业务。只是投资纸黄金不计利息，因此，只能依靠低吸高抛，赚取买卖差价获利，也有一定的风险。

如何让你的投资获得收益？那就需要学习理财知识和财经的分析能力，良好的风险控制，这些都是必不可少的。然而，现实中大部分的投资者都有一定的盲目性，或多或少都会有所欠缺。要想投资变得轻松简单，除了自学之外，在关键时刻，如果自己没有把握的话，也可以请稳健、专业、经验丰富的黄金财务顾问师，为你的投资保驾护航，控制好投资的风险，合理支配资金。

（3）黄金期权投资。

黄金期权投资是最近30年才出现的一种黄金交易模式。1981年4月，荷兰的阿姆斯特丹交易所开始正式公开进行黄金期权交易。黄金期权以美元计价，黄金的成色为99%的10盎司黄金合同，一年可买卖四期。

目前我国只有上海黄金交易所可以进行黄金期权交易。此外，投资者还可以通过以下两种渠道进行黄金期权投资：

第一，在银行买卖黄金期权。

第二，通过国外一些期权交易平台来进行黄金期权交易。

黄金期权是买卖双方在未来约定的价位具有购买一定数量标的的权利，而不是义务。如果价格走势对期权买卖者有利，就会行使其权利从而获利；如果价格走势对买卖者不利，就会放弃购买，损失也只有当时购买期权时的费用。由于黄金期权交易涉及的内容比较多，投资战术也比较复杂，不容易掌握，所以并不适合缺乏专业知识的普通投资者。

外汇投资技巧

外汇和股票一样，都是高收益和高风险同时存在的一种投资产品。“货币是一种资产，投资是一种时尚。”外汇作为投资产品的一种，俨然已经成为投资者的新宠。尤其是随着互联网技术的快速发展，使得个人投资外汇市场一片火热。但是，要想成为一个成熟的“炒家”，投资者还需要在实际操作过程中学习，这里我向大家介绍一些基本的炒汇策略，以让投资新手更快地找到投资外汇的门路。

1. 什么是汇率？

如果你在国内购买物品，直接支付人民币即可。但如果你到美国旅游，在美国购买物品，就必须先通过银行等金融机构按照一定的比率将人民币兑换成美元，然后才能支付。同样，美国人如果想买中国商品，他们最终支付的也必须是按照一定的比率折算的人民币，而不是美元。这样，我们就由国际贸易引进了汇率的概念。汇率，又称汇价，是一个国家的货币折算成另一个国家货币的比率或比价，也可以说是用一国货币所表示的另一国货币的价格。

例如，2007年7月3日美元兑人民币的汇率中间价是：1美元＝7.5951人民币元。由于国际间的经贸往来必然会引起国与国之间的债权债务和货币收付，因而需要有关国家办理国际结算。

这种结汇是通过外汇买卖来实现的，为此产生了外汇买卖的价格问题。这种外汇买卖所产生的比价实质上就是外汇汇率。可见，汇率是随着外汇交易而产生的。

2. 外汇投资流程

随着经济的发展，越来越多的投资者把目光投向了外汇投资，但又觉得外汇投资过于专业、神秘，而不敢贸然行动。实际上，外汇投资和其他投资并没有太大差别，流程非常简单：

（1）开户。

现在很多银行都开通了外汇服务业务，投资者只需要到银行开个外币存款账户，或者将已有账户的存款转至开办个人外汇买卖业务的银行即可。需要注意的是，18 岁以下的人是不能开外币存款账户的。

（2）交易。

目前个人外汇买卖的方式有两种：柜台交易和电话交易。投资者需在开户时就确定选择哪一种交易方式进行外汇买卖。

如果是柜台交易，就需要投资者到银行的柜台进行外汇买卖。先领取个人外汇买卖申请书或委托书，填写完毕之后，连同身份证、存折或现金交给柜台经办员审核清点。审核无误后，投资者签字确认即可成交，成交汇率即以该确认单上的汇率为准，成交后该笔交易不得撤销。

办理电话交易的投资者可以通过音频电话或手机完成外汇买卖而不需要到银行柜台办理。投资者在开户的时候就需要声明采用电话交易的方式，其开户的起点金额要比柜台交易的起点金额高很多。开户之后，投资者就可以根据开户时留下的电话或手机号码以及委托交易的专用密码按照银行的交易规程进行外汇买卖。交易完成后，投资者可以通过电话或者传真进行核实。同样，成交后这笔交易不得撤销。

3. 外汇投资的交易方式

如果你在尚不了解外汇投资的交易方式的状态下盲目进入汇市，想赢恐怕很难。在入市之前，先了解一下汇市的交易方式，才能有备无患，在以后的交易中才不至于手足无措。目前，外汇交易中主要有 4 种交易方式：即期外汇交易、远期外汇交易、外汇期货交易、外汇期权交易。

（1）即期外汇交易。

即期外汇交易又称为现货交易或现期交易，指外汇买卖成交之后，交易双方于当天或两个交易日内办理交割手续的一种交易方式。它具有时间短、效果快、避免汇率风险、可以满足买方临时性的付款需要等特点，所以是目前外汇交易市场上最常用的一种交易方式，几乎占外汇交易总额的一大半。

（2）远期外汇交易。

远期外汇交易是指买卖外汇的双方当事人在交易完成之后，并不交割，而是按照远期合同规定，在成交日后的3个营业日之后按规定的日期交割的一种外汇交易方式。和即期外汇交易方式相比，远期外汇交易把交割时间延长了，这样就可以给买方提供足够的时间去筹钱，因此受到一些手上资金暂时不足的投资者的喜爱。

（3）外汇期货交易。

外汇期货交易是指外汇的买卖双方在不久的一段时间内，以在有组织的交易所内公开叫价确定的价格，买入或卖出某一标准数量的特定货币的交易方式。其中，标准数量是指特定货币的每份期货交易合同的数量是相同的，比如英镑期货交易合同每份金额为25000英镑。而特定货币则是指合同条款中规定的交易货币的具体类型，比如3个月的人民币，6个月的欧元等。这是一种类似拍卖的交易方式，投资者可以根据自己的喜好加以选择。

（4）外汇期权交易。

外汇期权是指期权的持有者拥有合约的权利，并根据情况决定是否执行交割合约。如果市场状况不佳，合约持有者在期权到期时可以选择不进行交割。所以，外汇期权可以避免贬值的风险同时保留潜在的获利可能。

4. 外汇投资注意事项

（1）选对入场时间。

选择最佳交易时间很重要，因为外汇是量价参与的品种，没有量的成交就不会带来行情的变化，所以炒家大都是与不同时区国家的投资者一同操作，假如在北京生活，我们就要掌握住最佳交易时间，如果选择不当可能会出现不可逆转的后果，见表 7–4。

表 7–4　　外汇交易时间特点一览表

交易时间	行情状况
5:00~14:00	行情一般很清淡，主要是由于亚洲市场的推动力量较小
14:00~18:00	欧洲开始交易后资金就会增加，外汇市场上哪里资金量大就会在哪里有很大的波动，一般会在 15:30 后开始真正的行情。是一段比较好抓的机会
18:00~20:00	欧洲的中午休息和美洲市场的清晨，较为清淡
20:00~24:00	欧洲市场的下午盘和美洲市场的上午盘，这段时间是行情波动最大的时候也是资金量和参与人数最多的时候
24:00~ 清晨	美国的下午盘，一般此时已经走出了较大的行情，这段时间多为对前面行情的技术调整

（2）选对建仓时机。

建仓时机的选择，有三种类型：一是行情启动之前建仓；二是行情启动的同时跟进；三是行情启动之后建仓。这三种建仓时间各有利弊、各有特点。

a. 行情启动之前建仓：风险最大，收益也可能最大。这种建仓方法，就是我们通常所说的“摸顶”“抄底”。

b. 行情启动的同时跟进：风险和收益都相对中等。把握起来也相对容易一些。

c. 行情启动之后建仓：风险最小，收益自然也就相对少。但是，这是一种最为经典的建仓方法，也许应为最安全。其主要特点就是：在一个趋势形成之后，等待回调或者反弹的时候，按照相反的方向建仓。当然，有时在一个激烈的行情中，往往很难出现哪怕是短暂的回调或者反弹。这就是这种方法的弊端。

（3）在盯盘中发现市场信息。

盯盘过程中，每个人看到的都是同样的价格，产生的却是不同的交易行为和交易结果。投资者应该运用技术工具来分析。在趋势行情中要重点关注均线或趋势线，在震荡行情中要重点关注随机或震荡指标，在突破行情时则要用时间周期来验证。

投资者只有做到尊重汇市，不采取逆市交易，按照汇市“指令”操作才能最终获利。

5. 如何规避外汇交易风险？

投资必然存在风险，外汇投资的风险有哪些呢？

（1）储备风险。

储备风险是指一国所有的外汇储备因储备货币贬值而带来的风险。这种风险表面上看是国家外汇储备所引起的，却会让所有的外汇投资者的收益都受到影响。因此，目前各国的外汇储备都日趋组合化，以防止因为外汇储备单一而带来的储备风险。

（2）交易风险。

交易风险是指以外币为支付币种的交易过程，由于汇率的变动而引起收益或亏损的风险。因为一般以外币作为支付条件的贸易，存在延期付款的情况，如果货物交付之后，货款仍然未支付，就存在着外汇汇率变化的风险。为了抵御交易风险，企业在进行外贸交易时，最好考虑一下企业是否有相同的币种收入来源，这样就可以减少外汇变化对企业利润的影响。

（3）会计风险。

会计风险是指外汇汇率的变动而引起的企业资产负债表中某些外汇资金项目金额变动的风险。它会影响到企业资产负债表报告的结果，进而影响企业的财务波动。

（4）经济风险。

经济风险是指由于预计之外的外汇汇率变化而导致企业产品成本、价格等发生变化，从而导致企业未来经营成本增减不能确定的风险。

上面说的四种风险似乎主要是对国家和企业的影响，实际上，这些风险的存在都是由于外汇汇率不稳定而引起的，一旦风险发生，无论是国家、企业，还是个人投资者都无法避免受其影响。那么，作为个人外汇投资者该如何应对和规避风险呢？

（1）顺势交易。

对于投资新手来说，最容易犯的一个错误就是仅仅盯着外汇价格的变化而忽视汇率的走势。一个成熟的外汇投资者则会根据自己对汇率走势的判断来决定什么时候出手，什么时候收手。顺势交易是外汇投资制胜的秘诀，如果投资者被不断变化的外汇价格所迷惑，情绪忽高忽低，很容易就会使思维陷入混乱，从而判断失误。

（2）设置止损点。

在变幻莫测的投资市场，没有人能够准确地知道下一秒钟会发生什么。我们所能做的只是根据市场以往的表现分析、预测下一步市场的走向。但这种预测是不确定的，同样存在巨大的风险。要想有效规避风险，最好的办法就是为自己设定一个能够承受损失的最低点，一旦超过这个点，就立刻交易，防止继续下去。

（3）建仓资金要留有余地。

外汇采用的是杠杆式的交易，所以资金放大了很多倍，一旦被套牢，损失的钱可能要远远超过投入资金的数量。所以，投资者在建仓的时候，就一定要考虑好，在资金上留有一定的余地，尽量不要满仓、重仓交易。

（4）套期保值。

投资者可以通过买卖期货等方式来防止或减少外汇风险。比如，你可以利用远期合同来避免合同期限内对自己不利的那一段时间的汇率，选择对自己相对有利的交易时间和汇率。

银行理财产品投资技巧

商业银行个人理财业务，分为理财顾问服务和综合理财服务。一般所说的“银行理财产品”，其实是指各种投资产品的组合。

理财产品，是商业银行在对潜在目标客户群分析研究的基础上，针对特定目标客户群开发设计并销售的资金投资和管理计划。

在理财产品这种投资方式中，银行只是接受客户的授权管理资金，投资收益与风险由客户或客户与银行按照约定方式承担。它的收益不稳定，同样存在风险，风险区别在于：投资产品与基金或信托公司等机构的风险程度。

1. 银行理财产品的构成要素

（1）发行者。

目前一般就是指开发理财产品的金融机构。投资者在选择理财产品的时候，首先应该注意发行者的研发、投资管理的实力。一般来说，实力雄厚的金融机构的信用更加可靠，其发行的理财产品的收益率也较有保障。因为有些投资渠道有资格限制，实力小的金融机构可能没有资格参与到这些投资中，这就对他们造成了投资方向的限制，从而影响到投资者所购买的理财产品的收益率。

（2）认购者。

也就是银行理财产品的投资者。一般来说，任何人只要有足够的资金都可以成为投资者，但有些理财产品是为有针对性的投资者推出的。比如，有些理财产品对投资者有是否是本地居民的限制等。

（3）期限。

指理财产品在发行时规定投资者最低持有的期限。目前我国金融机构发行的理财产品大部分都是短期，但也有外资银行推出了期限为 5 ～ 6 年的理财产品。投资者在投资之前一定要明确自己的资金充裕程度以及投资期内可能的流动需求，然后再选择相应期限内的理财产品，以免造成不必要的麻烦。

（4）价格和收益。

价格和收益是理财产品的核心要素。金融机构发行理财产品的目的就是为了得到相当于产品价格的收入，而投资者购买理财产品的目的是为了获得高于购买价格的收益。

（5）风险。

在投资市场上，风险和收益永远成正比。投资者只有承担了相应的风险才有可能获得相应的收益。因此，投资者在购买理财产品之前必须清楚了解其风险结构状况，并对其做出准确的判断和评估，确定风险是否和收益相匹配以及是否在自身的风险承受能力范围之内，然后再做决定。

（6）流动性。

流动性指的是资产的变现能力。一般来说，在同等条件下，流动性越好，收益率越低，所以投资者在选择理财产品时，要根据自身的财务状况以及投资期内可能存在的财务需求，再结合理财产品的流动性做出权衡、判断。

（7）理财产品中嵌套的其他权利。

目前我国金融机构推出的理财产品，尤其是一些结构性理财产品中，常常嵌入了期权等金融衍生品。例如，投资者可提前赎回条款，银行的可提前终止的权力则是有利于银行的条款等。投资者在选择理财产品时应仔细阅读合约，充分发掘出其中对自身有利或不利的信息，从而有效行使自己的权利以提高收益率，尽量避开不利的条件以降低风险。

2. 银行理财产品的种类

（1）根据币种的不同，理财产品包括人民币理财产品和外币理财产品。

a. 人民币理财产品，是指由商业银行以高信用等级人民币债券（含国债、金融债、央行票据、其他债券等)的投资收益为保障，面向个人投资者发行，然后将募集到的资金根据产品合同约定投入相关金融市场及购买相关金融产品获取投资利益，到期后向投资者支付本金和收益的低风险理财产品。其主要特点是收益率高、安全性强。

目前银行推出的人民币理财产品，大致可分为两类：传统型产品主要有基金、债券、金融证券等，此类产品风险低，收益确定，一般收益在3%左右；人民币结构性存款与汇率挂钩，与外币同类产品从本质上来说没有多少差异，风险略高于传统型产品。

b. 外币理财产品，即我们前面介绍的外汇投资业务。其特点是收益高、风险也高。

（2）根据客户获取收益方式的不同，理财产品分为保证收益理财产品和非保证收益理财产品。

a. 保证收益理财产品，是指无论商业银行的收益如何，到期后都必须按照约定条件向个人投资者支付固定收益或最低收益，并承担相关风险，其他投资收益由银行和投资者按照合同约定分配，并共同承担相关投资风险的理财产品。

b. 非保证收益理财产品，又可以分为：保本浮动收益理财产品，指商业银行按照约定条件向投资者保证本金支付，本金以外的投资风险由投资者承担，并依据实际投资收益情况确定投资者实际收益的理财产品；非保本浮动收益理财产品，指商业银行根据约定条件和实际投资收益情况向投资者支付收益，并不保证投资者本金安全的理财产品。

可见，非保证收益理财产品的风险大部分由投资者个人承担，银行并不承诺理财产品一定会取得收益，也有可能会出现亏损的情况。如果投资者选择保本的产品，那么收益就为零，不保本的产品收益甚至可能为负。

（3）根据产品设计思路和运用金融工具的不同，理财产品可分为债券型、信托型、挂钩型及QDⅡ型等产品。

a. 债券型理财产品，指银行将募集到的资金主要投资于货币市场，投资的主要对象包括短期国债、金融债、央行票据以及协议存款等期限短、风险低的金融工具。投资者如果选择这个理财产品，到期后银行需向投资者还本付息。即使收益为零，投资者也能获得足额的本金，因此适合稳健型的投资者。

b. 信托型理财产品，指信托公司通过与银行合作，由银行发行人民币理财产品，募集资金后由信托公司负责投资，主要是投资于商业银行或其他信用等级较高的金融机构担保或回购的信托产品，也有投资于商业银行优良信贷资产受益权信托的产品。信托型理财产品和目前市场上各类理财产品最大的不同点在于它在提供100%本金保障的基础上，还可以使投资者获得4.5%的预期年收益率。此外，根据信托公司对资金的投资收益情况，投资者还有可能获得额外的浮动收益。

c. 挂钩型理财产品，也称为结构性产品，指银行将募集到的资金投资于传统的债券市场，而产品最终收益与相关市场或产品的表现挂钩，因此适合那些风险承受能力强、对债券市场判断力比较强的投资者。而且，为了确保投资者的收益，这类产品大多设计为保本产品。

d. QDⅡ型理财产品，指投资者将手中的人民币资金委托给商业银行，由银行将人民币资金兑换成美元，直接在境外投资，到期后将美元收益及本金结汇成人民币后分配给投资者的理财产品。这类理财产品风险较高，投资者需要有专业的理论知识才能对外汇、国外的资本市场有较深的认识，才能选择适合自己的理财产品。所以，它并不适合风险承受较低而且不具备专业外汇投资知识的投资者。

3. 如何选择银行理财产品

“牛老师，银行理财产品那么多，而且宣传的时候都说收益很高，我到底该选哪一种好呢？”这是很多投资新人在投资银行理财产品时会遇到的问题。根据我自身的理财经验，再结合我身边的朋友和学员的理财经历，我认为要选择一款好的适合自己的银行理财产品必须从以下几步入手：

（1）这款理财产品的类型是什么？是否保证本金和收益？

俗话说，知己知彼，才能百战不殆。投资者在购买任何一款理财产品之前，都应该了解清楚这款理财产品的基本要素，比如投资期限、投资方向、预期收益率、投资币种、购买起点金额、收益计算方法等。然后，再确定这款理财产品是否保证本金和收益，如果不能保证，那么最差的情况下可能损失多少本金，你是不是能够接受？

这些问题都可以在理财产品说明书中找到答案。“产品说明书太复杂了，我根本看不下去！”很多人都曾向我这样抱怨过。但是，如果你想通过投资理财获得较好的收益，就必须看懂理财产品的说明书，因为它包括风险提示和产品概述。这两部分将决定这款理财产品是否适合你，是否能够为你带来理想的收益。

此外，如果投资者准备购买信托类产品，还需要注意说明书中所说的担保物、质押物以及比例等问题。如果是证券结构化信托产品，投资者还需要了解产品的止损线、警戒线等。

了解这些情况之后，投资者就应该从自身实际情况出发，明确自己的理财目标、风险承受能力范围以及所能接受的投资期限，再结合理财产品的情况作初步的判断。我建议初级投资者不要轻易接触设计的非常复杂或者收益计算方式非常麻烦的理财产品。

（2）不要冒险购买不了解的理财产品。

有些理财产品的说明书中会出现一些不严谨、不规范、不清晰的表达，投资者看不懂的情况。这时，投资者最好向理财顾问问清楚，如果还是不懂，宁肯放弃这款理财产品也不要冒险购买。

（3）谨慎选择发行银行。

目前市场上的银行理财产品同质化严重，很难分出优劣。但由于各家银行的性质有所差别，其发行的理财产品也会有自己的侧重点。比如外资银行由于受到人民币存款规模的限制，固定收益类理财产品发行较少，大多都是结构性理财产品。投资者应该根据自己的实际情况确定对理财产品风险和收益的需求，然后再选择发行相应产品的实力雄厚的银行。

4. 银行理财产品的五大风险

虽然很多银行在选择自己的理财产品时都强调高收益、低风险，但这个世界上绝对不存在一本万利的好事。作为投资产品的一种，银行理财产品同样存在以下一些风险：

（1）市场风险。

银行理财产品的实质是商业银行通过发行理财产品募集资金然后投入相关的金融市场。因此，金融市场的波动难免会影响到理财产品的本金及收益，进而影响到个人投资者的本金和收益。

（2）信用风险。

这种风险主要发生在和某个企业或机构的信用相关的理财产品投资中，比如投资者购买的理财产品以企业发行的债券和企业信托贷款为投资对象，就需要承担企业相应的信用风险。如果企业经济出现问题发生违约、破产等情况，理财产品的投资者就会受到损失。

（3）流动性风险。

由于银行理财产品都有一定的期限限制，所以对于一些期限较长或投资于难以及时变现的金融产品的理财产品，当投资者急需用钱时就可能会面临无法提前赎回的风险。

（4）通货膨胀风险。

由于银行理财产品都是以货币的形式进行支付，在通货膨胀时货币的购买力下降，理财产品到期后的实际收益也会随之下降，从而给理财产品的投资者带来一定的损失。

（5）信息传递风险。

一般银行在和投资者签订理财产品购买合约之后，需向投资者发布理财产品的信息公告。如果因为通讯故障、系统故障或者其他因素的影响而使投资者无法及时了解理财产品的信息，就有可能影响投资者的决策，从而影响最终的收益。

艺术品投资技巧

艺术品收藏和投资多少年来一直受到人们的关注，如今，随着经济的发展，越来越多的人开始关注艺术品收藏和投资。与其他投资相比，艺术品投资有其独特的性质，在操作上讲究一定的策略，选择艺术品投资需要投资者具备一定的眼光，还要有一定的专业知识。

1. 如何进行艺术品收藏和投资

早在建国前，艺术品收藏多数是达官贵人和有闲钱的人的事，他们既有时间又能拿出一笔资金来做艺术品投资。其实收藏并不完全代表投资，收藏是投资的前提，要想做好艺术品投资必须懂得收藏。投资收藏艺术品要遵循一定的原则和步骤。

在我国，且不包括国外，作为收藏的艺术品种类大而多，我们不可能面面俱到去收藏所有门类的艺术品，这样也不切实际，因此，如何投资收藏可以通过以下几条原则来确定：

（1）熟悉。

初入收藏市场的人最好选择自己比较了解的藏品，以便日后收藏时能够对所选藏品的质量好坏、真伪鉴别、收藏价值、未来走势等做到心中有数。否则就有可能投入了资金却没有收获甚至亏损。

（2）有兴趣。

选择自己感兴趣的艺术门类。若是对所选投资收藏品感兴趣，就会更愿意花费时间和精力去学习研究，这有利于提高投资的成功率。欣赏价值随着人们的欣赏水平而提高，人们对艺术品的享受和追求也日益强烈，因此一些有欣赏价值的东西都可以收藏。

（3）确定主题。

要选定一个方向的主题。若藏品的面太宽太杂，那么收藏者无论在知识、精力和财力上都难以满足要求，势必造成收藏支离破碎。

（4）从小到大，由粗到精。

初入收藏市场，不要投入过多资金或选择太多藏品，而应该循序渐进地边实践边学习，稳健投资才能最终获得更好的效益。

同时，投资收藏艺术品的风险也不能被忽视，风险主要包括：品相风险、假货风险、套利风险、价格风险、保管风险。

这些风险，投资者在收藏过程中一定要切记，只要重视这些风险都是可以避免的。但是，套利风险是由于目前古玩市场不健全，买与卖之间并不都能做到公平、公正的交易，在这方面还要加强收藏知识的学习。

了解收藏市场的人都知道，在这个市场里到处都是“捡漏”与“走眼”的故事，因此要想在收藏领域里有所收获和成就，具备一双“慧眼”是必不可少的，然而“慧眼”不是一朝一夕炼成的，而是日积月累，不断学习、不断总结经验后才能炼成的。对于新手投资者来说，只有虚心学习，不耻下问，才能不断提高自己的鉴藏水平。

2. 钱币的收藏投资须知

钱币是收藏界的一个老品种了，而近年来一些涨势颇猛的钱币让收藏钱币的爱好者获得了不错的收益。收藏投资钱币有着其独特的优势。

我在银行工作了十年，离开到现在已有十几年了，由于特定环境，我当时收藏新投放市场的钱币，有银质12属相钱币，还有联票100元钱币、200元钱币。我在钱币收藏中，也获得可喜的收益。

钱币具有体积小、重量轻、价值高、不易破碎、占地少、运输方便等特点，购买方法简单易行，投资回报率高。

准确的投资，可获得较高的回报率，当然这对收藏者的要求也高。需要收藏者不但要对古钱币有一定的研究，有辨别真伪的能力。它适合人群广泛，而且要有一定的资金实力。

3. 邮票的收藏投资须知

邮市经过数年的沉寂，如今又重新热起来，一些个别品种邮票的价格更是以火箭的速度飞涨，这又引来诸多的投资者纷纷进入邮市。在狂热情绪中收藏邮品者还要保持冷静，谨防投机的热炒行为，同时在收藏的过程中，投资者还要注意以下几个事项：

（1）小心伪票。为了谋取暴利，一些人会伪造邮票，有时连专家也会看走眼。这就要求投资者在选择时保持冷静，看准了再出手。邮票收藏爱好者最怕的就是买到假邮票，识别邮票真伪也是收藏邮票过程中关键的一步，因此收藏者都要掌握一些辨别邮票真伪的具体方法。

（2）新邮波动大。如今新邮市场升温，是较热的投资点。但它往往升得快，跌得也快，投资者要客观地评估其升值潜力，不要人云亦云。

（3）警惕低价品种风险。低价邮票虽投入成本低，但买时也要注意其发行量、质量等。不要因贪图便宜买入劣质品，那样就毫无收藏和投资价值了。

（4）投资者要有暴涨、暴跌的忧患意识。早在1986年我就开始积累邮票，当时完全是由于爱好集邮，每年买一本邮册存放着。但是十年前人们开始炒作邮票，我就停止了购买收藏，到现在已有近20本邮册了。有一天，我也抱着赚钱的心理，将我过去收藏的邮票拿到邮票市场去鉴别，但是时过境迁，已经炒作过时了。因此，我得出一个结论，如果你把邮票当做投资，就要经常关注邮票市场，否则，等你有时间去关心你的邮票是否升值，可能就错过了机会，那只能是一个集邮爱好者了。

第八章

理财规划案例

在我去南方讲课时，大家感觉理念和投资工具一学就会，但是要学理财规划就很难了。有的学员上了三次课，自己还有些糊涂，很是困惑。有些在银行、保险公司工作了三年的理财顾问也不会制作规划，曾来邮件向我请教。现在农信社和邮储银行也开始销售理财产品，邀请我去讲课，我半年来曾去了三个地方，为他们的网点主任和理财专员讲解理财规划的相关技能。

为了让读者更好地掌握科学的管理财富的方法及制作理财规划的技巧，学会为自己制作家庭财务规划，我现选出有代表性的几篇理财规划案例供大家借鉴。

无论你是社会白领、家庭主妇，还是社会自由职业者，看完此书，一定会对你的家庭和事业有很大的帮助，也可能会给你带来意想不到的财喜。金融机构（银行、保险、证券等）的理财专员读了此书后，也能够迅速提高为客户服务的综合专业水平。

我是从 2006 年开始，为职场白领、小微企业主、公务员、身份千万元的老总等人士制作了 200 多份规划。由于篇幅所限，书中仅选择 6 个有代表性的家庭的理财规划（文中客户已化名）。我根据他们提供的家庭财务现状，为其家庭做了详细的财务分析和方案。

29岁白领年入10万元如何尽早实现财务自由

1. 基本资料（见表8-1）

表8-1 基本资料

姓名	赵兵	性别	男
年龄	29	婚姻状况	已婚
学历	本科	职业	白领—管理
住房情况及来源	租房	所在省市	河南

2. 资产负债表（见表8-2）

表8-2 资产负债表 单位：元

资产		负债	
现金及活期存款	10000	信用卡贷款余额	0
预付保险费	单位出	消费贷款余额	0
定期存款	70000	汽车贷款余额	0
国债	0	房屋贷款余额	0
企业债、基金及股票	36000		
房地产	无		
汽车及家电	目前单位配车		
其他	20000（借给朋友）		
资产总计	136000	负债总计	0

3. 月度税后收支表（见表8—3）

表8-3　　月度税后收支表　　单位：元

收入		支出	
本人收入	7000	房屋支出	440
其他家人收入	1500	公用费	600
其他	0	衣食费	600
		交通费	20
		医疗费	0
		其他	300
合计	8500	合计	1960

4. 年度税后收支表（见表8—4）

表8-4　　年度税后收支表　　单位：元

收入		支出	
年终奖	10000	保险费	0
债券利息和股票分红	0	教育费	0
证券买卖差价	16000	其他	0
其他	0		
合计	26000	合计	0

5. 保险状况表（见表8—5）

表8-5　　保险状况表　　单位：元

项目	投保情况
本人	三险及20万元商业险，单位缴
家人	妻子，国企三险，无商业保险

6. 理财目标

（1）今年以合理价格购房；

（2）准备在2008年添个宝宝，为小孩准备一定的养育和教育费用。

7. 存在问题

（1）贷款买房多首付少贷款，还是少首付多贷款？贷多少年合适？

（2）购房计划是否合适？是不是应该买总价再低一些的房子？

8. 赵兵先生财务状况介绍

目前刚结婚，无小孩，是二人世界，二人年税后收入 10 万元多一点，计划到 2008 年再要小孩。四位老人中有三位有退休金，目前暂不用我们管。

本人计划 2007 年中期购房，预计房价在 45 万元、装修 10 万元，总共需 55 万元，其中父母将资助 10 万元，个人总资产将会有 18 万元（含 3.6 万元的股票）现金流，公积金个人账户 2.5 万元，总共会有 30 万元，其他房款可利用公积金贷款。

因为打算买房，目前赵先生投资比较保守，投入股市 2 万元，现在市值 3.6 万元，其他未进行投资。近期获得一稳妥信托投资渠道，年收益率 8%，但必须投资一年，才能取现及分红，想了解是否追加投资。

现在想了解应该怎样进行贷款？是多首付，少贷款，用去所有积蓄？

还是少首付，多贷款，多进行投资？该贷款多少？贷多少年合适？

投资股票、年收益 8% 的信托投资、基金、黄金、固定储蓄该多少比例比较合适？

了解购房计划是否合适？是不是应该买总价再低一些的房子？

怎样筹划才能更早地实现财务自由？以下是我对赵先生的财务状况的分析和建议：

从赵先生的资金配置来看，风险意识还是比较浓厚的，相应的有一些投资。但是由于他所学专业及从事的职业所限，他的资金规避风险与投资的比例的合理性还是有明显的不足。他和太太凭借着自己的努力和双方家庭的鼎力相助已经初步建立起了自己温馨幸福的小家庭，但同时，在家庭的形成期，他们也承担了较大的压力和责任，如购房和计划子女养育等。因此，合理的配置家庭的资产负债，充分做好家庭成员的风险保障显得至关重要。见表 8–6 和表 8–7。

9．风险测试

（1）主观因素（见表 8–6）。

表 8–6　　风险偏好

能承受的价格波动范围	–10% ~ 20%	–5% ~ 10%	0 ~ 5%
客户风险偏好	高	中	低

从赵先生的资产分配上来看，除了股票投资外，银行定期储蓄比例较大，基本上没有更安全的投资方式。所以，综合起来考虑，从主观因素方面，他的家庭属于低度风险偏好。

（2）客观因素（见表 8–7）。

表 8–7　　风险承受能力

客观状况	年龄	职业稳定性	家庭收入结构	学历
风险承受能力	年轻者可承受风险大	职业稳定者可承受风险大	来源越分散，可承受风险越大	学历越高，可承受风险越大

虽然赵先生的职业目前较稳定，但是，国家最近出台的国家干部管理规定，即今后在职人员都实行聘任制，因此他的工作不可能一劳永逸。另外，由于受行业的限制也会不太稳定。

因此，从家庭风险偏好和风险承受能力比例来看，赵先生处于年轻阶段，有一定的学历和管理水平，同时又是管理岗位，分析结果属于中低度。

10. 财务报表诊断

（1）定期储蓄占家庭总资产的比率为51.4%，资产结构不尽合理，生息率很低。这实际上损失了大量的利息收入，在急需资金购房期间，这种积累资金的方式急需改变。

（2）收入支出比例为23%，相对来看，这个指标还比较合理，但是趋于保守。

（3）活、定期存款可以视为紧急预备金账户，但8万元过多，直接影响到资金的合理运用和资金的保值增值。

11. 家庭财务隐患

（1）当前子女教育问题，他们虽然已经做好了要孩子的准备，但是从资金专款专用上并没有体现出来。实际上子女出生后抚养和教育问题是一个非常长时期的资金使用过程。例如，子女从小学到中学、以至上大学的费用等等，这些资金必须提前考虑，否则将打乱全盘的理财计划。

（2）从目前表中显示，赵先生的保险是单位为他支付，但是单位为他投保的什么利益他并不太清楚。据我了解，一般单位给员工提供的险种，除了社会医疗和养老保险外，其余险种都是短期的意外伤害险，没有终身健康补充保障。在我们的现实生活中，大病的发生是很多家庭财务链发生危机的主要原因。很多美满幸福的家庭，一旦一位收入人病倒，整个家庭都可能面临财务困境。

（3）赵先生要在今年贷款买房，他的保险额应该是他的贷款额度，将风险转嫁给保险公司才是现代人的思维。为此，建议应该全面提高保险意识，如果保险准备不充足，会影响到整个家庭资金的流失，甚至会带来更高的生活风险。

12. 理财建议

经过周密分析赵先生目前的财务状况，我认为有以下几方面需要加以调整：

（1）提拨紧急备用金。

该紧急备用金建议应按照 3 ~ 6 个月的生活费用，即 1 万元左右投放比较合理，可以投入到货币型基金或存在活期存款上。

（2）投资及保险规划。

资金投向建议分成三部分，流动资产 13.6 万元和每年的净收入 10.4 万元还是应该放在稳定收益性的投资产品上，除了健康型保险支出外，还需投放到股票型、偏股型基金或定期定投基金产品上。如有精力和有一定的专业知识，可以炒股，否则，将会套牢资金，得不偿失。信托资金没有一定的把握暂时不介入。

a. 从保险资金分配来看，可以按照收入的 10% ~ 15% 来保险。为他的妻子投保商业重大疾病保险，夫妇二人做好意外、健康保障（投保时可咨询当地的保险公司专业人员选择最适合的保险产品）。

b. 从投资股票型基金的比例来看，可按照不超过现有流动资产的 20% ~ 30% 来掌握。

c. 子女教育投资方面，为了孩子的抚养和教育，可以每月存入 1000 元定期定投基金，如果按 5% 的利益计算，14 年赵先生就会得到 24 万元的资金，正好是孩子上高中的时期。

（3）房产投资比例。

a. 我认为，投资房产还是少首付多贷款，首付 35% ~ 40% 即可。贷款可以按照 15 ~ 18 年，每月还 1500 元或 1800 元。因为赵先生的有些情况还是未知数（小孩出生和他的行业不清楚），因此不能更确切的为他建议。

B. 赵先生的购房计划比较合适。根据他的需要，如有老人经常来往，可以买三室一厅的房子，否则可以减少面积。面积过大使用率低，对于他来说，也是一种浪费。

（4）后续服务。

本规划的调整周期一般为一年，每年赵先生的财务计划有变动或国家政策调整，需要咨询理财师进行适当调整，修改规划，否则将会有财务风险。

深圳创业15年的民企老总的家庭理财规划

一位在深圳从事电子行业的刘经理，由于公司规模不断扩大，不确定的因素越来越多，不免担忧起自己家庭资产保值的问题，针对他的目标和财务状况，我给他制定了家庭理财规划。见表 8-8 至表 8-12。

1. 理财目标（见表 8-8）

表 8-8　　理财目标　　单位：万元

生活或事业目标	筹备时间（几年后）	预期金额
子女教育	中期 / 七年后孩子上大学	15
旅游或其他	短期 / 每年	1
退休养老	20 年后退休	每月 6000 元生活费 /2 人

2. 家庭基本情况（见表8—9）

表8-9　家庭基本情况

信息栏	爱人	本人	儿子
姓名	王女士	刘经理	大宝
性别	女	男	男
出生年月日	1972.8 35岁	1970.2 37岁	1995.8 12岁
职业	计算机行业	计算机行业	学生
工作单位	南湖科技有限公司	深圳电子设备配套公司	
工作稳定度	一般	一般	
健康状况	一般	健康	健康
拟退休年龄	55岁	60岁	

3. 家庭收入情况（见表8—10）

表8-10　家庭收入支出表　单位：万元

收入（年）		支出（年）	
个人月收入	0	衣、食费	6
利润提成收入	35	通讯费	1.2
出租收入	1.5	三险一金	1
		应酬开销	2
		房产费用（水、电、取暖）	2
		家人生活支出	在企业账支出
		还贷支出	19
		个人保险费	1.3
		赡养老人	0
		其他支出	0
收入总计	36.5	支出总计	32.5
净收入			4

4. 当前家庭资产负债情况（见表 8–11）

表 8-11　　当前家庭资产负债表　　单位：万元

资产		负债	
银行定存	0	住房贷款	80
银行活存	10（自己）	汽车贷款	26.2
基金	0	其他生意	18
房产（自住 1 年）	53		
汽车（新）	36		
写字间	36		
其他（房产商住两用）	22		
资产合计	157	负债合计	124.2
		净资产	32.8

5. 风险测试

（1）主观因素（见表 8–12）。

表 8-12　　风险偏好

能承受的价格波动范围	–10% ~ 20%	–5% ~ 10%	0 ~ 5%
客户风险偏好	高	中	低

从刘经理的测试表中看出，他表示可以承担一定的投资风险，但从他的资产分配上来看，除了企业投资外，房产投资和银行储蓄比例较大，基本上没有更安全的投资方式。所以，综合起来考虑，从主观因素方面，他的家庭属于低度风险偏好。

（2）客观因素（见表 8–13）。

表 8-13　　风险承受能力

客观状况	年龄	职业稳定性	家庭收入结构	学历
风险承受能力	年轻者可承受风险大	职业稳定者可承受风险大	来源越分散，可承受风险越大	学历越高，可承受风险越大

刘经理和爱人的职业由于受行业限制不太稳定，风险承受能力应为中低度。

综合主观和客观因素，得出的结论是：可承受中低度风险。

6. 财务分析与规划

（1）综合指标（见表 8-14）。

表 8-14　　　　综合指标明细表

项目		说明	建议
收支状况表	收入	收入结构比 工作收入：理财收入 = 98.14：1.86	1. 工作收入占总收入 95.8%，标准比重为 60%，高出正常值为 35.8% 2. 理财收入占总收入的 4.1%，标准比重为 40%，比重相差 35.9%
	支出	支出结构比以 50% 为宜	1. 生活支出占 37.5%，正常指标为 50%，低于正常指标 12.5%；商业保险费支出比例太低，仅有 4%，正常指标为 20%，低于正常指标 16%，存在很大潜在风险。借贷支出占 58.4%，正常指标为 30%，高出正常指标 28.4%，应适当调整为宜 2. 每年收入个人账户结余太少，临时支出只能从自己的企业挂账，支出结构不合理 3. 由于近期需负担抚养孩子的生活费用和今后教育费用，因此应积极进行筹划资金效用

（2）财务比率表一（见表 8–15）。

表 8–15　　　　　　　　财务比率表一

收支状况表	分　析　結　果
相对收支率公式＝(目前的年收入 ÷ 区域平均收入)/(目前的年支出 ÷ 区域平均支出) 理想值＞1.0 假设：区域平均收入与支出分别为 1.8 万元与 1.4 万元	计算式＝(36.5 万元 ÷1. 8 万元)/(32.5 万元 ÷1.4 万元)＝0.77 分析： 小于理想数字 1，相对收支率大于 1 时，在收支管理上就会越来越理想，而他的年支出与区域的平均支出水平差 0.23，没有开源的空间
财务自由度公式＝(目前净资产 × 投资报酬率)÷(目前区域平均支出) 理想值＞1.0 假设：投资报酬率为 5%	计算式＝(22.2 万元 ×5%)÷ 1.4 万元 ＝ 0.79 分析： 理想值是大于 1.0，他的财务自由度数值为 0.79，显示房产贷款支出太高，存在潜在的风险。说明他投资意识强，不依赖其他收入来扩大企业发展。但是，由于目前他所经营的行业竞争激烈，如果效益不理想，应收账款增多，他的企业负担过重，资金链可能随之出现隐患
净储蓄公式＝年结余额 ÷ 年收入 理想值＞25%	计算式 =4 万元 ÷36.5 万元 =10.9% 分析： 净存储率数值为 10.9%，没达到理想值，刘经理以他现有的资金来说，应注重资金合理配置

（3）财务比率表二（未包括 10 万元，见表 8-16）。

表 8-16 财务比率表二

资产负债表	分析结果	
资产分布状况	流动性资产	
	流动性投资	
	固定资产（房产）	占 39%
	其他资产（自用汽车及应收款）	占 25%
	自用不动产	占 36%
负债分布状况	长期负债（如：房屋贷款）	长期占 64.2%；
	短期负债（如：汽车和生意）	短期占 35.8%； 月还借款将近 1.6 万元 （约 15 年期）
负债比例公式 = 总负债 ÷ 总资产 理想值≤ 0.3 资产净值率：理想值为 1	计算式 =200 万 ÷4135 万 =0.048	
	分析： 1. 净值 / 资产 =0.15（理想值为 1 的指标），比例相差 0.85；负债比例 0.85，高于理想值。其中企业固定资产投资占总资产的 39%，自用房产资产占总资产的 36%，其他资产占总资产的 25%。但是，从具体比例来看，家庭投资结构比例不尽合理，如果经营效益不好，资金链受到影响，家庭存在 潜在风险 2. 表中家庭资产净值累积不高，由于理财品种过于单一，房产收入体现不明显，另外，加上每年还有偿还房产和经营贷款数额，容易出现生活费靠过去的积蓄支撑的局面，也会导致周转不开的现象。再有，房产炒作随着市场的调节会增值，但是固定资产的净值也会随着时间的推移按规律逐步减少；而金融资产由于投资报酬率的影响，再加上复利的因素肯定是逐年提高的，从安全角度来看，有必要将资产进行重新组合	

续表

资产负债表	分 析 结 果
生活周转金公式=流动性资产 ÷ 每月薪资理想值=3 ~ 6	从账面来看，没有周转流动现金。
	分析： 一般来说，生活周转金按照 3 ~ 6 个月支出额预留即可（按 3 万元左右留用即可）。但由于他目前企业经营账和个人账户区分不清，家庭一旦急用现金，房产不能及时变现，资金使用严重受阻

根据以上财务情况分析如下：

刘经理现为家庭主要收入人之一，每年平均收支净值比例太少，虽然有几套房产，但是房产的变现能力是非常缓慢的，如果遇到房价下跌或是没有买主等情况，可能就会出现赔本出售，损失将会很大。因此在其退休后的理财收入来源问题应该尽早计划，方能规避资金风险。

（4）财务报表诊断。

a. 家庭资产负债率一般。房产占家庭总资产的比率为 39%（不包括自住），资产流动性和资产结构都不合理。当急用大额资金时，房产的变卖速度最低。另外，把绝大部分资产都压在房地产上，一旦房价发生崩溃，财务风险极大。因此，急需改变当前资产结构。

b. 收入支出比为 97.3%，主要是还贷支出比重较大，日常经营财务收入不稳定，如出现应收账款的现象，就容易出现资金链断流，直接影响到家庭正常生活。再有房产比率过大，一旦国家政策有变化，房子不能出租及出售，导致家庭财务风险增大。因此，应该注意加强收入的使用效率。

c. 家庭资产生息率很低。目前家庭流动资金放在定期存款上，收益率非常低，这实际上损失了大量的利息收入。

d. 定期存款可以视为紧急预备金账户，但 10 万元过多，直接影响到资金的合理运用和资金的保值增值。

7．风险规划

（1）目前全家保险现状（见表 8–17）。

表 8–17　全家保险现状表

家庭成员	刘经理	爱人	儿子	家庭总计保费 / 保额
千禧理财寿险		1600（2 万元）		
健康（大病）险	1080（3 万元）	2190（9 万元）		
教育保险			2673（3 万元）	
关爱女性保险		1800（10 万元）		
住院医疗	200（5000 元）	200（5000 元）		
太平如意安康	3690（10 万元）			
保费存入	6770（23 万元）	3990（11 万元）	2673（3 万元）	13433（37 万元）

（2）保险状况分析。

刘经理的企业是一家中等收入 IT 产业，资产净值不高。根据他收入和资产现状和今后孩子教育以及赡养老人等家庭开销情况分析，他本人的保险保障存在明显的不足，保险的保额应该按照以下标准来计算才能起到规避风险、保证孩子的教育成长费用和保证家庭的生活品质的作用。

（3）人身保险规划。

根据以上的风险分析，从安全角度考虑，参照家庭收入者的保险保额的标准，他和爱人应该有多少家庭保额才够？

合理的保额 = 人生责任

人生保额 = 房贷 94+ 子女教育金 66+ 急用金 3+ 爱人和孩子生活费 305 万元 = 468 万元

以上计算依照遗嘱需要法应有保额为：刘经理和爱人以扶养儿子和还贷为基准，在保险公司应有468万元的身价保额，才能保证他们的资产安全，才能安心地工作，体现家庭责任。

目前他和爱人的寿险保额（家庭保障）共 34 万元，显然缺口太大，应该立即调整为宜，以确保家庭的正常生活保障。因此，建议他可将自己每年房产出租的收入用来为自己准备养老和健康保险，或是挪出现有的定期存款来合理配置，每年利润额内可以提留一定比例资金，存到保险和投资账户。再有开源节流也是当务之急的首要环节。调整后除了自己受益，孩子教育也能得到安全保障。

8. 子女教育基金分析（表 8–18）

表 8-18 子女教育基金测算表

小孩现在年龄	12 岁
距离上大学年限	6 年
距离上研究生年限	10 年
学费成长率	4%
现在每年大学学费——现值	15000 元
每年大学学费——未来值	18980 元
预计读几年	4 年
大学学费总额——未来值	38719 元
现在每年研究生学费——现值	50000 元
每年研究生学费——未来值	74012 元
预计读几年	2 年
研究生学费总额——未来值	150985 元
必须准备子女教育基金总额	189704 元
预期投资报酬率	4%

续表

一次性投入	149925.57 元
每年投入	28600.09 元
每月投入	2336 元

9. 退休分析与规划（见表 8-19）

表 8-19　　退休基金测算表

现在年龄	36 岁
预计退休年龄	60 岁
距退休年限	24 年
预计生命长度	80 年
退休后生活年限	20 年
退休后每月生活费——现值	5000 元
预期通胀率	3%
退休后每月生活费——未来值	10163.97 元
退休后生活费总额	3277316.33 元
退休后净投资报酬率	2%
退休后生活费总额——折现值	2205539.94 元
已有准备单笔——现值	5300 元
投资报酬率	5%
已有准备单笔——未来值	17093.03 元
已有准备每年年金（社保）	19200 元
投资报酬率	2%
已有准备年金总额	584099.76 元
退休后每年年金总额	0.00 元
已有准备退休后每年年金准备——折现值	0.00 元
退休金所需资金缺口	1604347.15 元
期待投资报酬率	8%
一次性投入	253004.48 元
每年投入	24029.85 元
每月投入	1851.22 元

从以上刘经理退休金的试算表可以看出：

按照他的退休生活目标标准，他和爱人的养老退休金需要 328 万元，除了社保提供的养老金之外，尚差 160 万元，应该在一个稳健的渠道每年投入 2.4 多万元（每月投入 1851 元），才能在退休时积累到目标生活费。

从以上分析情况来看，安全保障方面要加强。为规避风险，应该增加养老保险保障，采用养老年金保险和投资分红保险相结合的工具，完善自己的家庭责任风险保额。

保险保障准备多少合适呢?

从现在的医疗收费价格来看，逐年以 5% 的比例增加。目前重大疾病治疗费从 10 万元至 40 万元不等，据有关统计数字表明，人群发病率在 72%。然而，社会医疗的低标准报销远远不能满足刘经理的现实需求。因此，为防范风险的突发，为使他年老生活无忧，我建议，应该补充医疗保险保额 2 万元，养老金保额 160 万元。投入投资分红型保险和医疗保险中，才能保证正常生活品质。

根据刘经理对家庭的贡献程度和家庭生活规划需要，可以利用保险以小博大的特点，每年投入 2.4 万元或 5 万元，最后达成 160 万元的保险保障。

10. 其他财务目标的试算

从目标来看，刘经理想从现在起到 60 岁退休，每年和爱人要有 1 万元旅游费用，加上通胀因素，总计累计是 14.8 万元，看看每年各需要存多少钱，才能完成目标（见表 8-20）?

表 8-20　　其他财务目标试算表　　单位：元

从现在起到退休后旅游费用（按照 10 年计算）	
旅游费用年开支	10000
旅游费用总额	148000
投资报酬率与通胀率相抵	2%
每年应存	12046
每月应存	1004

11. 总结

从以上分析来看：

首先，我认为刘经理的家庭基本财务状况不太稳定，由于现有的投资和财务目标设定比例失调，造成目前现有净资产不足，财务结构不合理。因此，他的家庭应该在做好安全保障的基础上，大胆地调整投资结构，增大金融投资比例，做好投资组合的分配。

其次，由于刘经理的资金除了购置房产，几乎都投入在企业经营中，并且资产负债表显示，他个人的养老保障目前还没有长远考虑，对子女未来的教育费用估计不足。因此，很可能今后会出现子女教育、就业和他们夫妇养老以及大病隐患等一连串问题同时存在的现象，导致家庭财务出现困境。所以在现有资产中，他应做好安全保障及投资的合理配置，规避资金风险，防止房产价格崩溃或企业效益下滑造成的重大损失。

另外，考虑刘经理的年龄已逐步进入中年，同时，父亲的责任和愿望是使孩子有一个高质量的生活空间，并且还要受到更高的教育。因此，他必须要计划开支，还要有一个稳健和增值的渠道，来保证他的目标得以实现。

综上所述，建议在目前首先应该解决刘经理手中现金缩水的问题，即：将定期存款放入增值渠道。一是通过投保子女教育保险，为孩子积累教育经费；二是投保投资分红型保险和定期定投基金，为他积累养老金。同时，在适当时机，将闲置房产出租，将获得的资金进行合理配置，以达到规避风险、解决家庭财务危机隐患的作用。

再有，下一步计划是将企业账和个人账逐步分开，增加理财收入的比例，借以提高个人财富效能，并于退休之前实现财务自由和安全。

12. 建议财务修正规划与资产配置

（1）理财目标估计规划与资产配置。

a. 建立紧急预备金专户：

按照 3 个月支出计算，所需金额 10000×3=30000（元）

资金配置：原有现金存款 10 万元挪出，或将每年的收支结余放入紧急预备金账户中。

b. 家庭风险管理规划：

将定期的 10 万元资金转入其他增值渠道。就理财规划的原则来看，保费支出应占总收入的 15% ~ 25%，目前商业人身保险为保费 13340 元，两人保额为 34 万元。

c. 教育基金规划：

从表中看出，孩子的教育费每年应该存入 2.86 万元，方可满足从大学到硕士毕业的需要。

资产配置：定期定投型基金、偏股型基金。

d. 退休规划：

资金配置：由于他的退休金没有专户存储，应现在配置养老保险。

选择：投资分红型保险（补充养老金）或养老年金保险，每年存入保费3万～5万元左右。

e. 旅游规划：

资金配置：每年投入12040元；

资产配置：定期定投基金。

（2）建议事项。

a. 理财目标的实现，需要坚持执行计划步骤：建两个专户，一是基金专户，每月由银行将投资部分的款项存入专户；二是保险专户，每年由银行将保险费自动划转到保险账户中。

b. 投资环境瞬息万变，虽然定期定额投资策略可以对抗景气波动，但最好养成每半年检视一次的习惯，必要时，可以进行投资组合的调整。

c. 当投资绩效有严重落差时，整体理财目标规划必须重新调整。

全职太太如何维护个人资产

白领方玉在结婚之前也有一些积蓄，婚前自己名下拥有一套价值170万元的房子，有30年的贷款。结婚两年后老公要求她不用出去工作，她说，自己的房贷怎么办？她的先生马上一次性帮方玉还清债务，房产证上仍然是方玉的名字。从此后她就全职在家。

物质的满足并没有给方玉带来足够的安全感，久而久之她心存顾虑：“两人的财产大部分都是婚前所有，自己现在虽然每月可收入2万元，能攒下1万元，但是万一将来婚姻出现问题，这些钱显然不够用。如果一旦离婚，这期间的家庭收入属于夫妻双方共有，老公具体赚多少钱，也不清楚。而且老公的收入和公司的收入是混在一起的，也很难分辨清楚，那么我能获得多少资产呢？”

不经意间，老公觉察到了方玉的疑虑，于是一次性借给方玉500万元，告诉她可以用来作一些低风险投资。这500万元的所有权是先生的，投资收益归方玉所有。由于先生的生意上有时会急用钱，所以老公要求这些投资需要保证流动性，急需用钱时能马上到位。

方玉的情况其实具有相当的代表性。收入的来源主要靠丈夫给的零花钱，对丈夫公司的经营状况完全不了解，处于家庭中的弱势方。所以，对于像方玉这样的全职太太来说，增加新的收入来源，保证生活品质是她的头等大事。

方玉如何满足自己的理财需求？

方玉向我提出了她的理财需求：

（1）方玉手里的500万元投资，她要求既可以有不错的收益，也不会有损失本金的风险，同时满足先生的临时急用钱的需求。

（2）方玉每月会有1.5万元的自有资金（自己房子的租金每月5000元，每月攒下的零花钱1万元），她想用这部分资金，一部分购买保险，其他用来定投基金。这其中的比例应该如何分配，分别适合买什么样的保险和基金？

（3）假如7年后，方玉离婚，按照之前的理财方案，届时她可以攒下多少资金？又能从离婚财产分割中获得多少收益？

就以上需求，我对方玉个人的财务问题提出建议：

（1）对于收入来源主要依靠丈夫，一旦丈夫公司经营不善或者婚姻发生变故，收入将大幅减少的状况，建议关心丈夫的事业，经营好自己的婚姻，当好丈夫的贤内助。

（2）对于资产主要集中在婚前的房产上，投资收入主要靠房产出租，投资回报率低的状况，建议加强自身学习，提高理财能力，积极投资，快速累积财富。

（3）建议关心丈夫公司的经营情况，保留夫妻共同财产凭证。

（4）对于个人没有基本的社会保险和商业保险，保障能力不足，处于家庭理财弱势的情况，建议方玉做保险规划保障生活水平。

丈夫借给她500万元如何投资？

因为方玉没有投资经验，推荐用购买基金的方式参与资本市场，既能分散风险，又能享受专家理财获取高收益。

我建议，手里的500万元可以购买货币基金、开放式保本产品或者期限较短的债券型基金。每月取得的收益用于购买适合风险属性的基金组合。根据方玉的家庭情况和财务状况和具体需求，提出两个方案可供选择：

方案一：丈夫靠得住，自己理财当富婆

相信丈夫会爱自己一辈子，重点考虑用每月结余投资快速累积财富，实现财富自由。

（1）以个人身份办理社保，享受最基本的社会养老、医疗保障。选择月工资10%缴费，每月700元或1000元。

（2）为丈夫投保，保障自己的生活。方玉家庭为单薪，丈夫作为收入的唯一来源投保，使用遗嘱需求法计算保险需求，当丈夫发生意外，用保险理赔金提供方玉每月2万元，10年的生活费即240万元。

建议方玉为丈夫投保定期寿险，受益人为方玉。同时自己投保重大疾病和住院津贴险，投保人、被保人和受益人都为方玉本人。

（3）方玉储蓄率高，风险承受能力较强，可以用基金定投来积累资产。每月结余的1.5万元缴完保费后剩余资金全部投资基金组合。投资组合为20%的债券基金，50%的平衡基金，30%偏股型基金，预期收益9.2%。

资金安排：保障型保险每年支出1800元，基金每月定投13200元。

方案二：现在靠丈夫，以后靠自己

未来太多不确定，聪明的女人要懂得保护自己。现在丈夫对自己好，过着富太太的生活，万一以后婚姻有变，不仅生活没有了保障，甚至可能失去一切。所以要趁现在给自己存够养老金，用保险产品保障生活品质。

（1）以个人身份办理社保，选择月平均工资10%缴费，每月700元或1000元。

（2）加强保险投入，保障自己日后的生活品质。用遗嘱需求法计算保险需求。用保险理赔金提供自己10年的生活保障。如果按照每月2万元的生活费，通货膨胀率3%的情况，10年需要生活费205万元左右。建议方玉在方案一的保险品种上为自己增加一个终身年金险，受益人为方玉的父母。

假如7年后方玉离婚，按照之前的理财方案，届时可以攒下多少资金？又能从离婚财产分割中获得多少收益？

我们先来看看方玉的财务状况：

向老公借款投资收益1万元和自有资金1.5万元，共计2.5万元，然后每月投资基金组合（定投），假定基金组合平均收益9.2%，通过7年投资共累积资金2577161元；老公婚前有400万元基金；个人终身年金寿险每年交158400元，7年共交1108800元，55岁后除红利外每年大约领取88200元。

离婚后财产分割能得到的资产有以下几项：

（1）方玉 7 年定投累积的财产为夫妻共同财产，要分给丈夫一半；

（2）老公婚前 400 万元基金增值部分的一半；

（3）老公在结婚后公司股权投资收益的一半；

（4）终身年金寿险的分割和执行都很困难，只能分割现金价值和红利给丈夫，自己留下大额保障。

综上所述，按照之前的理财方案，7 年后离婚，方玉可以获得以下收益:

（1）500 万元丈夫借款购买货币基金，用每月收益投资定投基金组合，既可以有不错的收益，同时满足先生临时急用钱的需求。

（2）针对每月方玉有 1.5 万元的资金投入保险和基金，通过资产配置，她得到较好的保障和收益。

（3）如果 7 年后方玉离婚，不包括从丈夫一方分得的财产，通过规划私房钱，按照提供的方案可得到 1288580 元收益，同时投入终身保险，解决了 55 岁后的退休生活，可以渡过没有收入的离婚期，给她再找工作或创业提供了经济基础。

以上理财规划和资产配置，方玉的理财需求得到解决，免除了她的后顾之忧。

中年外企白领养老与遗产规划

白先生和爱人已人到中年，夫妇均在外企担任管理人员，收入颇丰，家庭每年生活费用大约 12 万元。由于只忙着工作，小孩要的晚些，孩子今年10岁。

前几年，我国社会养老保险政策作了调整，其中个人账户的缴费比例由11%降至8%，虽然白先生夫妇所在单位为他们均缴存了养老保险，但是也担心养老金不够用。并且社会上对开征遗产税的相关新闻和网络报道接连不断，导致白先生夫妇提前考虑以下问题：

未来老了怎么办？因此白生夫妇在北京陆续购入了几套房产做投资，面对今后可能征收的遗产税，他们也想了解一下应为孩子做些什么准备？

白先生夫妇当时一年的生活费用是12万元，假设通货膨胀率为3%，那么，15年后如要保持现在的生活品质，一年的生活费用就会变成19万元。如果退休后生活25年，总共需要715万元的费用。社保、退休工资仅可解决一部分养老费用，较大的比例仍是要自己负担的。因此，如何在有限的工作年限里，仔细筹划这笔费用是非常重要的。

1. 养老金筹集

这笔钱涉及的金额比较庞大，决不是一朝一夕的事情，它需要细水长流，积沙成塔。筹措同样金额的金钱，采用20年和10年积累，两者的差别会很大，再加上养老的费用是刚性的，因此，一定要有长远规划。按复利计算，需要15年以上时间积累比较划算。所以，白先生准备从现在开始筹措这笔资金。

一般，商业养老金宜占养老保障的两至四成，那么白先生应每月抽出3000元的养老费用，储投15年。在具体养老的费用筹划中，一些人不太愿意涉及风险略大的产品，这种想法是有偏颇的。因为经济时代通货膨胀是现实，如果实际回报率低于通货膨胀，那么收益将是一个负值，这将失去储蓄投资的意义。

因此，建议白先生根据个人的风险承受力选择绩效好的投资产品，作为养老保障的投资渠道。

2. 财产传承

至于白先生提到的财产传承问题，由于征收遗产税的具体方案尚未出台，在此仅就国际上的先例给他提一些建议：

遗产税是财产传承问题中主要面临的问题之一。像白先生这样的家庭，孩子年龄较小，家庭资产多以房产的形式存在，且房产多在白先生名下。在未来财产传承的时候，将会主要面临以下两个问题：

第一，家庭财产集中于一人，在财产传承时仅能免除一份免税额，而面临巨额的遗产税。

第二，孩子不能用继承的遗产来缴纳遗产税。因为遗产税不同于其他税种，继承人要在全部财产过户登记办理完毕后，才可以处理财产，因此继承人必须先筹一笔遗产税款，把税款缴清。如果白先生夫妇出现意外，且当时家庭没有相当多的现金和存款。那么房产遗产在面对遗产税时会变成继承人沉重的包袱，也不能完成继承程序。

鉴于以上问题，建议有两点：

（1）白先生将容易转让的财产逐渐转让给妻子一部分。这样在将来财产传承时，由夫妇双人向孩子传承资产，可享受两份免税额，从而降低遗产税。

（2）利用人寿保险来规避遗产税带来的税收问题。选择保险方式继承遗产，以白先生夫妇为投保人和被保险人，孩子为受益人，这样在父母万一意外身故和病故后，子女可以得到保险公司的保险金。

根据我国《保险法》规定，被保险人去世后给付指定受益人的保险金不属于纳税范畴之一的规定。以这笔款项作为缴纳遗产税的资金，孩子就能合理继承遗产。这就是保险合理避税的特殊功能。

第九章

理财规划相关服务

随着时代的发展，各种新型的理财工具应运而生，比如银证通、电子银行等。投资者必须顺势而为，熟练掌握这些理财新工具、新服务，才能使自己在理财的过程中游刃有余。

活用银证通，投资股票基金更轻松

自2007年以来，我在工商银行开立了“银证通”业务后，极大地方便了我办理投资业务，既省时又能准确掌握行情，适时处理股票和基金的买进和卖出。

那么“银证通”的优势在哪里呢？

银证通与银证转账不同。银证转账是客户既在商业银行开立储蓄账户，又在证券营业部开立保证金账户。客户在炒股时，如果保证金账户余额不足时，客户可以通过商业银行的电话银行系统将其储蓄账户的资金调入保证金账户，再通过证券营业部的电话委托系统进行股票买卖，银行只是为客户提供转账服务的金融机构，并未介入证券经纪业务。而银证通是客户直接用储蓄账户代替保证金账户，通过银行的电话委托系统或网上进行股票买卖，银行实际上介入了证券经纪业务。具体来说二者的区别表现在以下几个方面：

（1）业务内容不一样。

“银证通”业务可以提供包括证券买卖、证券资金结算、分红派息等证券服务，而“银证转账”业务仅仅是把银行的钱转到证券公司或把证券公司的钱转到银行。

（2）账户开设不同。

“银证通”业务客户炒股时无须开立证券保证金账户，只要在银行开立活期储蓄账户即可。

（3）业务的地域不同。

一般来说，有银行储蓄网点的地方均可办理“银证通”业务实现炒股，而“银证转账”业务须在当地设证券营业部。

（4）“银证通”系统具有便捷、安全的特性。

客户不需要将投资股票、基金的钱转来转去，活期上的钱不仅可以炒股购基金，还可以随时取用。“银证通”系统的数据在传输的过程中均采用严格的加密处理，并有安全识别措施。

（5）便捷操作买卖股票和基金。

电话和网银转账的便利，使我们不必在银行排队。如果你在外地出差，也可以让你在异地他乡遥控将资金转入、转出，帮助你及时把握稍纵即逝的股票、基金、纸黄金、白银等交易良机。纵是远隔千里，也能胜券在握。

电子化银行高科技，服务便捷千万家

随着全球经济的日益融合、金融市场的竞争日益激烈，客户的需求又向金融机构提出了严峻的挑战。在这种情况下，互联网为金融机构提供了与客户联结并尽快满足客户需求的时机，从而大大地提高了金融机构将产品与市场、客户联系起来的速度，这为金融机构开辟了一个更为广阔的市场。

1. 电话银行

电话银行通过电话把用户和银行紧密相连，使用户无须去银行，24 小时都可以通过电话解决一些你没有时间直接去银行柜台解决的问题。

申请电话银行只要持本人有效身份证件和需要开通电话银行服务的银行卡，在银行网点填写《电话银行开户申请表》，并选择自己需要银行提供的服务，比如查询活期账户、信用卡等账户余额、历史交易明细、口头挂失、银行资金转账、客户电话银行密码修改、自助缴纳手机费、个人外汇买卖、银证通炒股、电话投诉等。银行柜台确认之后即可开通电话银行。

2. 自助银行

自助银行又称“无人银行”、“电子银行”，是集自助柜员机、存折补登机、查询机、夜间金库、外币兑换机等先进金融服务设备于一室的 24 小时昼夜服务的自我服务营业厅。需要提醒大家的是，自助银行在给广大用户带来便利的同时，也给一些不法分子提供了利用 ATM 机进行诈骗、盗窃活动的可乘之机。不法分子一般是通过安装特殊装置盗取用户银行卡的信息，比如在自助银行门禁系统、自助设备上安装摄像头、假键盘、录音机等特殊装置盗取用户银行卡卡号、密码等安全信息。还有些不法分子利用高倍望远镜在距 ATM 机不远处窥视窃取用户银行卡卡号和密码，或者利用测录机等设备盗取用户银行卡上的磁道信息。然后利用盗取的信息制作假银行卡之后消费、取现，给用户造成重大经济损失。因此，我们在享受自助银行所带来的便利服务的同时，一定要提高警惕，保管好自己的卡号、密码等安全信息，避免遭受不必要的损失。

在使用自助银行时，我们需要注意以下几点：

（1）注意后面的人是否站在一米线以外的安全位置，尤其要注意是否有人站在你的背后。

（2）在你使用自助设备时，如果有陌生人跟你说话或干扰你，要注意先取回卡、现金和交易凭条，然后再和对方说话。

（3）千万不要向任何来历不明的账户汇款、转账！

（4）要注意银行通过网点、网站、媒体、ATM屏幕等正常渠道公布的统一客户服务电话，一旦在使用自助银行的过程中出现吞钞、吞卡等情况，立刻拨打银行统一客户服务电话求助，同时不要离开自助设备。

3. 网上银行

所谓网上银行，就是互联网的虚拟银行。目前，我国很多银行都开通了网上银行业务，个人可以通过个人网上银行轻松地进行转账、汇款、购物、理财、投资等。与传统银行相比，网上银行具有全面实现无纸化交易、方便、快捷、高效、可靠、经营成本低廉、简单易用等特点。

4. 手机银行

手机银行也称为移动银行，是利用移动通信网络及终端办理相关银行业务的银行服务。用户只要通过手机上网即可查询账户余额、历史交易、外汇牌价、存款利率、新业务、代缴费用等，并可以办理银行卡转一本通、定期转活期、个人实盘外汇买卖、缴纳手机费等业务，其中转账汇款业务的操作和网上银行效果几乎相同，而且手续费要比网上银行还要低。

5. 家居银行

家居银行又称“电视银行”、“家庭银行”，是由银行与电信公司合作，在有线电视视讯宽带网基础上，于全国首家推出的以电视机与机顶盒为客户终端实现联网、办理银行业务的一种现代化银行服务。最显著的优点是拥有多种接入方式：既可通过电话、简易信息终端接入，也可以通过计算机或电视机（如机顶盒）上网使用。办理家居银行业务之后，用户只需在家中对着数字电视按按遥控器，就可以方便快捷地进行固定电话、手机等电话缴费，缴纳养路费以及水电煤等公用事业费，还可以进行银行卡查询、转账、订阅报纸，或是到网上商场购物，以及查询汽车、火车和机票信息等多种多样的支付功能。

怎样提前还贷更合适

从长远来看，我国有可能进入加息通道，这使大众越来越忧虑贷款负担加重的问题。而股市一直阴跌不止，使得三成多的股民选择了清仓离场；公务员加薪之后，许多企业也纷纷增加员工工资，这使得众多贷款人手中的闲散资金越来越多。

这些钱放在活期存折上的收益非常低，而其他投资产品的收益也多数低于贷款利率，所以，目前一些大城市等出现了“还贷热”，在许多工薪族中有句比较流行的话：最好的理财方式就是还贷。真是这样吗？

我们来看看一个家庭例子。

刘女士在一家国企工作，三年前办理了30万元的住房还贷，这几年她的工资基本都还了贷款，一家三口全靠老公一人的工资生活。她经常说住房像天堂似的，生活像贫民似的。前段时间，老公单位返还一笔4万元的内部集资款，因为没有好的投资渠道，所以一直存在银行里。一边是贷款支付高利率，另一边是他们将这笔资金存在银行，拿那点可怜的活期利息。

于是，刘女士想到了用4万元钱提前部分还贷。但是她不知怎样计算提前还贷更合适。下面就针对提前还贷的问题和银行的规定加以说明。

从目前来看大众贷款采取的是公积金贷款和商业贷款两种渠道，无论采取哪种渠道贷款，都可以在两种方式中任选一种还贷款方式。

这两种方式是：等额本息还款法和等额本金还款法。采取的方法不同，还款的利息额大不相同。这里有很大的学问。这种常识对于做实体的民营老总可能不太在意利息额多少，但是对于工薪族来讲，这个诀窍非常有用。下面我将两种方式的特点和区别给大家作一介绍。

（1）等额本息还款法。

开始还款本金少于利息额，每月还本金额在增加，而还利息额逐月减少。但是还款总额始终是一样的（不包括利率的上涨因素）。

（2）等额本金还款法。

每月还款本金不变而还利息额逐月下降（不包括利率的上涨因素）。就拿这位刘女士购房为例，贷款30万元，还款期是20年。以上这样两种方式，到期还款额相差9%以上。如果贷款采用的是第一种方式即等额本息还款法，贷款利率假设按5.6%计算，其总计还款额为499354.38元，其中利息是199354.38元；如果采用第二种方式即等额本金还款法，利率不变，那么总计还款额为471188.91元，利息是171188.91元，两种方式还款额相差 28166 元，相当于中等家庭收入的一年工资，真是不算不知道，一算吓一跳。

诚然，这两种方式虽然差别大，但就每个家庭来说，不同的收入和不同的年龄要选择不同的还款方式，从这方面来讲就要请教理财专业人士，帮您分析你家庭的经济状况，让您既合理还贷款又能省钱。何乐而不为呢？

提前还贷须知的银行规定：

（1）提前还贷是否要缴手续费？

在客户与银行签署的贷款合同中，银行都有“提前还贷收取违约金”的条款，也就是说银行收取提前还贷违约金可以说收之有据，但目前多数银行受市场竞争、服务形象等因素影响没有开始收费。

我在去年提前两年还房贷，省去了 5000 元的利息费，还没有收取“提前还贷违约金”。不过，这种不收违约金目前暂时的，并基于银行认可的情况下。如果要是正值年末、季末等银行不认可的时间较大规模地还贷，影响了银行贷款指标的完成，则银行有可能酌情收取违约金。

另外，对于贷款合同生效未满一年便要求提前还贷的，许多银行将根据提前还贷金额，以提前还贷日的贷款利率来收取一个月的利息作为违约金。.

（2）怎样办理提前还贷手续？

对于提前还贷，银行一般要求贷款者提前一周至一个月的时间提出书面申请，并约定具体还款日期。然后，客户在约定的还款日期当日携带身份证以及贷款合同到银行填写还贷申请表和提前还贷协议，并按照银行的要求，将需要还贷的款项存到客户扣缴贷款本息的存折上即可。

目前银行对于提前还贷的次数还没有限制，贷款者可以一次性全部还清，也可以提前还一部分。不过，每次还贷的起点金额银行有不同的规定，有的是1万元或1万元的整数倍，有的则是千元以上就可以提前部分还贷。

（3）提前还贷应注意哪些事项？

如果贷款者既有商业贷款又办理了公积金贷款，这时应先提前偿还利率高的商业住房贷款。同时，退休家庭应尽量提前还贷。退休了本来是享受有尊严的生活，但仍然要勒紧裤腰带还款是一件很痛苦的事，也不利于提高家庭理财收益。

另外，如果当初申请住房贷款时办理了住房保险，假如已全部提前还贷或缩短了贷款期限，可以向保险公司申请退回部分保险费。如果个人有比较好的投资渠道，投资收益率高于住房贷款利率的话，这时则不应提前还贷。

如何选择合适的优秀理财规划师

理财规划师在为客户理财方面扮演着至关重要的角色，同一般在银行销售金融产品的人员截然不同，理财规划师是运用理财规划的原理、技术和方法，针对个人、家庭以及中小企业、机构的理财目标，提供综合性理财咨询服务的人员；私人理财师提供的是全面的理财方案，是完全针对个人（家庭）的基本情况，“量体裁衣”式地安排短期、中期和长期的理财计划。现在金融机构有一些很不专业的理财规划师，如果我们不小心遇到了“江湖医生”，我们的家庭财务只会越理越乱。

理财规划师需要具备以下三个方面的特质：

1. 职业操守

具备优秀的职业道德和操守。“凡事先做好人，再做好事”，这是很多成功商人的共性，理财规划师更应该如此。面对客户的信任，面对客户辛苦赚来的资产，要求理财规划师首先应该把客户的利益放在首位，对客户的资料严格保密；对理财规划牢记“实事求是”的态度，进行详细、客观真实的叙述。

2. 专业能力

理财规划师应该具有依据客户的需求，制定与执行理财规划项目中任何一个项目的专业能力，这意味着合格的理财规划师有能力分析各种储蓄、投资与保险的选择，而不是单一在某方面有所专长，一味去销售单方面的产品。

作为一名优秀的理财规划师应具备的知识有：理财的基础知识；金融资产运用的基础知识；有关财务设计的基础知识；各种金融产品运用的基础知识；风险与保险均衡的理财设计知识；合理节税设计的基础知识；财产保值及财产转移设计的基础知识；持续学习财经知识的能力等。

3. 中立与公正

当你选择了一位理财规划师，就意味着在制定和执行规划时他应该围绕你的利益。如果一位理财规划师因为自身的利益而为你推荐某些产品，那你将承担一定的风险甚至不能完成家庭预期的目标。

从中立与公正的角度上看，如果一位理财规划师告诉你，他只负责保险业务或其他单一项目，那么他为客户提供的理财服务并不是真正的理财规划服务。

对于理财规划师来说，以上是考量基本的要素。当你需要一个理财规划师时，你可以从以下三个方面来衡量他（她）是否称职，是否能够满足你的需要：

（1）理财规划师在与你初步沟通的时候，是马上推荐产品还是询问你的情况？

优秀的理财规划师在与客户第一次见面的时候，应该是先询问客户的情况，而非推销产品。作为投资者，也需要如实告知自身财务情况，在接触理财规划师的同时，最好是和理财师所在机构签订保密协议，即使对理财师本人人品熟悉，也要签订保密协议，这样才能保证家庭信息的私密性。

（2）理财师规划在与你沟通投资产品的时候，是否能够清晰地介绍产品的功用和利益以及风险？

优秀的理财规划师还应该具备良好的沟通能力，准确了解客户家庭财务目标和清楚地制定理财方案，这是理财规划的基础。

（3）理财规划师在推荐产品的时候，是否有更多的选择？

其实每个金融工具都有其特点，即使是所谓的保本型理财产品也可能不保本。所以，需要理财规划师综合考虑客户的目标和需求，以及风险因素，从客户家庭的全面情况来设计方案。

我们回想一下，过去有没有因为没有找到好的理财规划师而出现白白损失资金的现象呢？在当今这个时代，投资产品铺天盖地，如果我们珍惜自己的财富，除了需要补充理财和投资相关知识，还要寻找优秀而专业的理财规划师指导我们的家庭财务。

据国外资料披露，一个中等家庭一生中经过理财规划师制作理财规划再投资的收益，要比没有聘请理财规划师指导擅自投资，收益要高出10万美元之多。

第十章

精明理财防骗技巧

对于费尽心力的投资理财者来说，再也没有比辛辛苦苦攒下的钱被骗子骗走更让人痛心的事了。就我自身而言，也曾遇到过一些骗子诈骗的事。现在我把这些发生在我身上的真实故事写出来，希望能够为大家提供借鉴和参考。

谨防坏人利用银行信用卡盗取钱财

2011年3月份的一天早上，我突然接到打着工商银行旗号的一条短信：你的银行卡前三天在东单商场首饰店刷了一笔3万元的款项，由于卡的信用额度不够，请你速去银行补充超额款项。

接到短信后，我当时就懵了，坐在椅子上一幕一幕地回忆我近几天的行程，在行程中并没有去东单买东西刷卡的事情。于是马上拨通了对方的电话号码，对方回答说：小姐，你的卡号可能被不法分子盗窃了，你马上去工商银行ATM机上处理一下，将在工商银行开户的卡号冻结，并不要将此事告诉任何人。

我来不及多想，打车飞速赶到附近的工商银行，在ATM机上按照对方告诉我的方法冻结了我的账号。当ATM机器提示我输入密码时，我下意识地犹豫了一下，同时，耳边响起“不能给陌生人汇款”警告的声音。于是我没有输入密码，而是走入银行大厅，到银行前台去咨询工作人员。他们告诉我，这是一个骗局，“当你输入密码后，你的钱就取不出来了，而接着马上被盗窃团伙取走。”当时我听后吓得出了一身冷汗，于是我立即去派出所报案。由于处理的及时妥当，最后骗子团伙未能得逞。

这件事是我亲身经历的事件，希望大家要以此为鉴，提高警惕，严防被骗。

利用邮箱国际诈骗，未能得逞

2011年6月份，我的邮箱收到一封来自国外的英文信件，而且同一封信件连续发了两天。我很好奇，就用电脑里的翻译软件将该信翻译成中文。信中描述了一位卧病在床，年龄80多岁的老妇人向我寻求帮助。她在信里写道，她是基督教徒，她的丈夫已经去世，给她留下了一笔1000多万英镑的资产，因为她的儿女不孝，她决定不把这笔资产留给儿女，而想通过一位好心的中国人将此款转赠给中国红十字会，而这个好人，她选定了我，尽管我们素不相识。

我没有此类事情的经历，试着不去理睬。但是第三天的来信打动了我，信中用万分恳切的语言希望我能积德行善，帮助她完成临终前的心愿。信箱里同时还有一张躺在医院病床上输液的老妇人的照片，老人身形枯槁，眼神无助。

我想我不能再犹豫了，立即联系我的一位懂英文的朋友，帮我重新翻译成中文，又按照来信中提示的开户行和电话，在北京法兴银行开立了我的账户并用邮件通知了对方。但对方表示，国际上汇这么大一笔款，要求我的账户里一定要有相应比例的存款（按照对方汇入款额的百分比，我的账户里要有 8000 元存款）保证金。

我按照对方的要求，去法兴银行存款，办理过程中，该行一位客户经理说，你的这笔保证金存款好像有疑点，因为对方既不是亲戚又不是朋友，我帮你咨询一下本行案件稽查专员吧。

稽查专员了解了事情经过，同时将本行行长找来一起看了对方的信件后，十分肯定地告诉我：这是一起国际诈骗案。当你把保证金存入后你的钱就取不出来了，对方取走你的钱后既不会给你汇钱，你也联系不到他了，他从此就逃之夭夭。现在金融诈骗十分猖獗，手段狡诈诡秘。我这个好心人险些上当受骗。

由此说明，当今理财不能光想投资增值，而且还要防范身边的盗窃钱财团伙。这样才能让我们资金安全自由、生财聚财。

刚进入股市的一段投资经历

1992 年我开始进入股市。当时我在银行工作，银行机构发了 7 张原始股基金认购证，可以用认购证买股票 7000 股。当时，对于从来没有炒过股票的我，还是不敢大胆地去购买股票型基金。基于这个原因，我把其中 4 张认购证送给了亲友，自己留下了 3 张，购买了 3000 元的封闭型基金 3000 股。没料到，半年后，这支基金翻了 3 倍，3000 元变成了 9000 元。我非常高兴，从那时起体会到了炒股票的甜头。经股评家指导又将赚的 6000 元投了进去。可没料到，这 6000 元投进去不久，这只股票就开始下跌，两年后跌了 50%，6000 元变成了 3000 元。这使我意识到了股市有风险，不是所有投资都能赚钱，而是要研究股票的经济走势和这只企业上市股票的各方数据，不能盲目投资。

此后，我就逐渐开始学习研究投资股票、基金的相关知识，拿出家中闲置资金去投资股票、基金、黄金、白银、外汇。十几年来，在投资中赚过钱，赔过钱。由于我按照规避风险投资法，损失的很小。但是，让我总结出的一条经验就是，投资之前目标非常重要，同时还要合理进行资产配置，按照短中长目标一步步实施。

首先要考虑我们的年龄段及赚钱能力，放进股市、基金等投资产品中的钱，目的要明确，长期持有是赚钱的基础，不能随大流、短进短出。也就是说要本着财务安全自由的原则，理性科学投资，才能使我们家庭生活平衡、幸福一生。

附录

媒体专访谈理财

2010年央视网理财专访

如何提高国民财商素质，走健康理财之路呢？

主持人（郝颖）：要想一生富有，工作和理财是我们必须兼顾的。谈理财，你还只停留在概念上吗？储蓄、债券、基金、股票、房地产、保险，你对这些理财工具都了如指掌吗？经济形势、国家政策，你对这些发展状况有深入研究吗？

牛建萍：虽然不能说了如指掌，但有一些经验和教训还是愿意和大家分享。

主持人：百姓在理财方面如何加强？眼下，百姓对理财都有了足够认识，这几年在投资方面进进出出，赔赚兼顾。面对楼市调控政策出台，房市增值的空间越来越小，股市震荡波动，物价连连上涨，CPI不断创出新高，那些手里握着现金，到处寻找投资渠道的普通百姓非常困惑。如何投资理财，跑赢CPI，守住财富？这一问题萦绕在百姓的生活之中。

牛建萍：大家好！很高兴今天在央视网与大家交流通胀期理财的话题。我认为，普通百姓投资时应该根据个人和家庭的财务目标和掌握的财经讯息以及风险承受能力，分散到储蓄以及投资在基金、证券、黄金、外汇等各种领域中。如果是实体企业主，也应该积累财产性收入，以备风险规避的资金，而不能单一将所有资金都投入到企业中。经营企业好像在足球场上比赛，守门员的作用是不能小视的。但是在投资前一定要有一个目标和规划，这样能减少你赔钱的几率，控制风险。

复杂的资本市场，就我们掌握财经资讯的现状和分析能力，单一的投资模式不是明智的选择，从理财角度来看，资产分散是比较安全的。利息是跑不赢CPI的。

主持人：如何使大众的财务做到安全，风险相对小一些，牛老师有什么锦囊妙计呢？

牛建萍：从专业理财的角度来看，我觉得一个家庭无论钱多钱少，都有一个生活目标，这个目标要通过投资在各个产品中产生效益。但是由于大多数人对投资不专业，几年中，在股票和基金中，赔钱的人比赚钱的人多，为什么？随波逐流，跟风炒作的形式害苦了很多人。

如何让百姓能有一个良性的理财渠道，在实现自己家庭的目标上如愿以偿？我认为，首先，确立家庭目标，然后根据家庭或个人的目标，测定自己的风险偏好和承受风险度，去选择适合自己的投资产品，如果自己没有把握，最好聘请理财专业人士量身定做一个理财规划，然后再去投资，这样风险会减少到最低。但是，规划不是一劳永逸，而是要根据你的目标的变化每年还要进行调整。

再有，树立目标要本着量力而行、量入为出的原则，在投资后，要经常浏览财经知识，提高理财能力，使自己的资金能够保值增值，让家庭财务安全、生活平衡，幸福一生。

主持人：现在社会上出现富三代的说法，但是有许多百姓质疑，认为富不过三代，他们认为当今一些老板管理企业的做法和一些企业主的子女花钱挥霍的习惯，很难让下一代完全接替。就这个问题，牛老师您是如何看待富不过三代说法，怎样转变这种现象？

牛建萍："富不过三代"的现象全世界都存在，西班牙有"酒店老板、富人儿子、讨饭孙子"的说法，而德国则用"创造 — 继承 — 毁灭"3个词来代表创富者及其三代人的命运。俗话说：创业难守业更难。为什么中国优秀的民营企业走不出富不过三代的怪圈？我认为其原因有三个：

一是创业者缺乏长远合理传承资产的规划。也就是说，没有健全资产风险管控机制，没有资产合理避税策略。

二是创业者不能将企业文化的品牌传承给继承者。

三是继承者对家族事业缺乏兴趣。

如何富过三代？

第一，要有一套长远的资产传承规划，要合理规避遗产税、赠与税。下面举一个真实的事例。早在十年前，台湾林氏三姐妹的父亲生前有几亿资产没有做遗产税合理规避的规划，在他去世后，他的所有资产，包括房产、股票、债券和他的实体企业以及家中金银等贵重收藏品都被法律及税务部门上收国库，为什么？

第二，因为在台湾实行遗产税后，假如一个人去世，法院马上查封他所有资产，子女想要继承，必须要承担不同税率的遗产税，而且要以现金支付，如果是5亿元资产，假如按照50%税率计算的话，子女就得拿出2.5亿元现金缴纳税金，如果没有这笔现金，税务部门会将全部资产收缴。所以此类现象在台湾及国外的企业中不乏其人。林氏三姐妹最后的结果是每天以100台币维持生活。这和过去她们花天酒地的生活相比真是天堂与地狱之别。台湾林氏三姐妹的实例不能不让一些企业家警觉。

第三，要建立企业灵魂的传承。一个企业，要想真正的长治久安或者传十代、八代，它一定要有一个灵魂。立德可以传十代，立言可以传五代，如果只是立功的话可能传不过三代。比如说福特公司，创业时是家族企业，但现在已经不是家族企业了，因为他的高管不是他家族的人。他家族持有公司的股票只有百分之几，不是相对控股，甚至不是第一股东。但是我们认为这个企业是福特的家族企业，为什么？因为这个企业最核心的灵魂延续了最早的福特创立这个公司的灵魂。

在中国，进入世界500强的明星企业也有不少企业家在走这条路，称为泛家族企业。如果企业家真的希望企业能够永续经营，就应该形成企业内在核心的文化价值，树立一个企业文化的品牌，同时要及早物色接班人，将传承基业当做一个长远的系统工程来做。如果能够这样做的话，富不过三代的说法将不会成为现实。

2010年在搜狐财经接受网友微访谈
——通胀时代如何理财实况

主持人：谁也不能阻止经济的向前发展，通胀也是必然规律。想让自己的资金保值增值，就要学会科学理财。调低个人所得税、央行加息不间断，看似钱包里的钱越来越多，却需要应对通货膨胀的侵蚀，肉价贵、房价贵、菜价贵……中国上半年GDP同比增长9.6%，CPI增长5.4%。百姓深感兜里钱缩水不少。如何解决这个问题呢？只有一条路：科学理财是硬道理。

网友提问：牛老师，您好！我跟爱人都是军人，单位有医疗保险和伤亡保险，还有一个快3岁的孩子，现在没有给她买任何保险，请问我们一家三口还应该再买哪些保险？麻烦您推荐一些理财的书籍，另外我想听您的理财讲座，请问您大概什么时候有讲座呢？怎么联系？谢谢您！

牛建萍：你好！先给大人买保险，理财书可以上网查一下。我的邮箱：kejizhe@126.com。时间不允许，不能说更多。可以发邮件给我，抱歉。

网友提问：如果设定目标为颐养天年，如何理财呢？

牛建萍：人生财务目标不是虚的口号性的，包括：房子几年后买，孩子、车子等等。还有养老需要什么生活水平。如果你是50岁以上的人士，考虑的是下一代的问题或是养老问题。

网友提问：牛老师，如何设定理财目标才合理呢？

牛建萍：看看你的收入有多少，再去确定你的财务目标。但是目标不是一劳永逸，随着你的收入增加而变化。

网友提问：能谈谈你家是如何理财的吗？谢谢！

牛建萍：我从事财务、银行等金融行业许多年，现在专职讲授理财课程，同时还做理财咨询，制作理财规划，我家的资产有保险、股票、基金、黄金、收藏品、字画、邮票等等。可以说，我的财务安全自由，身体健康、生活平衡，家庭和谐，也很幸福。

网友提问：您觉得现阶段房价合理吗？房价走势是怎样的呢？

牛建萍：房价是国家根据市场和宏观经济而定的，不能以合理或者不合理来论证。明年总体房价是稳步下行。

年轻人提问的比较多一些，我想在这里给年轻人提点建议：在当今时代，能力是这个时代赖以生存的基本条件。想办法增加自己抗压能力，增加竞争实力。

网友提问：对于没有什么资产的毕业学生来说，如何应该通胀？谢谢。

牛建萍：养成储蓄的习惯。节省父母提供的资金。有条件去打工，增强自己的能力。

网友提问：老师好，估计下半年 CPI 会是什么水平？谢谢。

牛建萍：经济稳步发展，物价力求稳定。

网友提问：请问老师，在当前情况下，房地产、股票、银行投资哪个更好些？还是都介入？

牛建萍：你好。不知你是哪个年龄段的人士，每个年龄段目标都不一样。选择产品也不一样。测试风险承受度然后再去投资。

网友提问：老师好，能不能再提供一些生活小窍门，在生活中减少货币贬值的损失，谢谢。

牛建萍：平时多看看财经方面的书籍，或上网阅读财经信息。另外，科学理财是个习惯，首先将你的目标明确后再选择投资产品。

网友提问：您好，黄金、艺术品、珠宝类，未来哪个有更好的前景？谢谢。

牛建萍：你的目标是什么呢？投资产品没有好坏之分，看看你适合投资什么产品，就要测试自己风险承受能力。

网友提问：您好，对于财力比较好的人有很多理财产品，我们收入微薄的普通工人有哪些应对策略？谢谢。

牛建萍：首先看看自己是属于哪种风险承受类型，然后再去投资。银行、证券公司都能测试。

网友提问：最近想通过小投资保值，想开网店，不知老师有什么建议，谢谢。

牛建萍：你好。开网店赚钱要达到什么目标？另外，你先要有策划方案。

网友提问：看了您的微博有提到收藏理财的，您对收藏有研究吗？收藏的水好深啊！

牛建萍：要投资收藏，你首先要知道这笔收藏钱用来做什么？然后，看看一些关于收藏的专业书籍。我20年前就收藏邮票、钱币等。当时是拿来当兴趣爱好的，现在一下翻了许多倍。

网友提问：老师好，中国资本市场尚不成熟，大涨大跌下普通股民损失惨重，散户应该怎样做？

牛建萍：你好，中国资本市场仅仅运营21年，不成熟的投资市场意味着投资者会面临更多的市场波动，而且总会有更强大的力量影响市场。作为散户投资者，要对市场有足够的把握，在做决断时要果断迅速。

网友提问：牛老师好，30岁左右的年轻人，该如何做才能不断增加财富？

牛建萍：你好，年轻人首先要树立正确的财商观念，要慢慢地增加赢取复利的能力，并做好资产配置，合理组合投资产品。所以重心是积累、保护和保值你的财富。这些对于赢得财富非常重要，但是在低储蓄率的时期，低额的薪水和高额的消费使得这些原则很难得到贯彻。

从以上网友提问来看，大多数人想理财不知从何开始，一心想投资产品马上赚钱，这种心态必须要纠正过来，才能让自己财务安全。通过时间紧迫的问答，看得出百姓理财投资的意愿很强，我作为理财规划师、讲师应该加大宣传力度，让百姓有一个良好的理财心态。

在证券时报财苑社区网站接受专访理财规划、资产配置话题实录（2013.5.23）

流动性泛滥和通货膨胀犹如一个人和他的影子，常常是相生相伴、如影随形的。普通家庭在通胀时代如何理财？什么是财商？为什么要学习并提高财商？……教育部财商研究课题组专家牛建萍将做客财苑，为您详细解答。

牛建萍 05 月 23 日 13 时 52 分

大家好！财商课题组很高兴在这里与各位网友见面切磋，我们的观点供大家参考。

网友提问:您觉得需要从小培养小孩子的财商吗？用什么方式比较合适？

回复：从小锻炼财商能力，在他（她）走向社会后，才能了解金钱、运用金钱自如，才能让钱为我们工作，才不会成为房奴车奴。

网友向 @ 牛建萍 提问：俗话说：“你不理财，财不理你”，请问牛老师，您认为理财的真正涵义是什么？谢谢。

回复：理财是为了实现人生目标，运用有限的资源满足无限的需求，将现有的资金做好合理配置，使财务安全自由，生活平衡，达到一生幸福。

网友向 @ 牛建萍 提问：去听过一些民间的投资理财课。一开场就打鼓舞狮，并且总是说毛主席教导我们怎样怎样，然后夹杂着传销般的忽悠话术，感觉很滑稽。不时也有媒体曝出地下理财骗局。我们要如何防范？

回复：要找一些专业机构去了解理财，不要轻易参加大轰大鸣的理财大会。有些机构打着理财的幌子去卖产品。要擦亮眼睛，购买适合你自己的投资产品，事先要有理财规划。

网友向 @ 牛建萍 提问：流动性泛滥和通胀情况下，买房子和黄金是否为不错的选择？有什么好的防通胀理财选择？

回复：房产投资和黄金投资是个长远的目标，而且分年龄段和经济实力，不是任何家庭都可以投资房地产和黄金的。

网友向 @ 牛建萍 提问：老师你好，您对于 80 后有何理财建议？

回复：80 后很有头脑很有激情。但是在过去没学过财商理财知识，花钱随便成为习惯。建议从记账开始，约束自己，制定理财规划，系统利用资金。从小处做起，量入为出。

网友向 @ 牛建萍 提问：黄金还有没有投资的价值？

回复：黄金可以投资，从现在来看作为长期目标的投资比较合适。黄金现在的形势与国际金融危机和欧债危机有着直接联系。不懂的话，不要轻易投进去。

网友向 @ 牛建萍 提问：请问牛老师您认为家庭资产如何合理配置？

回复：这与个人或家庭财务目标息息相关，同时在资产配置前，要测试个人的投资风险承受类型，看看是否能承受高风险，在选择投资产品时做一参考。

网友向 @ 牛建萍 提问：自《富爸爸穷爸爸》一书大火之后，FQ 成为了时下热门词，我们在日常生活中，又可以通过哪些行为来提升我们的 FQ 呢？

回复：FQ 就是财商的缩写。财商在我们过去学校的教科书中从来都没有，我们只是学了专业知识、传统知识。因此，我们工作有了收入，滥花钱形成习惯。另外，财商不仅仅是代表金钱，而是包括运用钱的能力。他如何能让钱生钱，今后让金钱为我们服务，在我们不工作时，钱仍然会流向我们的口袋中。比如：巴菲特、比尔·盖茨、李嘉诚等。

网友向 @ 牛建萍 提问：日常生活中一般人会认为理财就是投资，您能否讲下理财与投资的关系与区别？

回复：理财的涵义。为了实现人生的目标，运用有限的资源满足无限的需求，将现有的资金做好合理配置，使财务安全自由，生活平衡，达到一生幸福。理财与投资的关系与区别投资是产品工具和渠道，是为了赚钱，为了短期内获得财富；而理财是目标规划，是人生的导航仪，是为了长期的富裕，创造安稳、时尚的人生。

网友向 @ 牛建萍 提问：每个人都想实现财务自由，请教牛老师实现个人财务目标需要理财规划吗？

回复：需要理财规划。因为我们的一生是几十年，而每时每刻离不开金钱的支出，加上我们的生活目标都希望生活品质高一些，可是面对琳琅满目的商品往往经不起诱惑，会让我们花掉不该花的钱。也会因为我们考虑不周，过早买房子、买车，让我们一下子进入了房奴车奴的境地，造成家庭财务危机。因此理财规划是当今白领等人士走向社会工作后必须具务的有效措施。通过显而易见的数字才能有效控制不该花的钱。国家要治理好，要有规划，一个家庭也是如此。

网友向 @ 牛建萍 提问：您觉得一个二线城市有房无车，年入十万的三口之家，应该怎样配置自己的理财计划？

回复：这要与三口之家的财务目标有直接关系，包括孩子上学子女教育金准备、每年旅游准备、养老金准备等。有短期、中期、长期目标。不同的目标配置不同的产品，比如子女教育金和养老金规划是长期目标，不能选择基金来筹集，而是通过保险的形式或者信托产品来筹集。而旅游是短期目标，可以购买一些基金来积累。

网友向@牛建萍 提问：购买理财产品有没有什么要注意的呢？比如有无一些陷阱需要规避？

回复：理财产品是个综合性的产品组合，它包括风险大和风险相对小的产品，适合不同人群。前几年出现银行销售理财产品没有收益的状况，它和当初销售理财产品时告知客户的收益大相径庭，不可不防。这说明一些银行违规操作，不如实告知风险和收益。因此，购买理财产品时要详细了解它的具体名称（像股票基金比例、债券比例、信托比例等等）。

《商界名家》编辑专访牛建萍传奇历程

通货膨胀，物价上涨时代，应该如何理财？如何为未来做准备？如何兼顾财富增值与保障？这是很多中青年人开始考虑的问题，也成为当今时代面临的一个课题。

“理财是一种革命！”理财专家牛建萍一直在呼吁。作为一名理财教育工作者，她身体力行，不断地传播创新理财的理念和前瞻的资讯，为让国人能够早日实现财务安全自由而在奔波忙碌。

翻开牛建萍的工作履历表，发现她在社会上曾演绎的角色很多，从企业财务、市总工会会计、工商银行的财务科长及平安金融集团理财规划师及讲师……直到现在成为中国创新理财第一人、财商教育专家，她身上的职务有多个：北京大学民营经济研究院教育文化与品牌战略研究所特聘客座教授、央视网华人频道特聘金融理财顾问、搜狐网策略联盟理财中心创始人、中国职教中心高级培训师、中国策划协会高级理财策划师、中华理财网特聘理财专家、中华讲师网特聘金牌讲师以及金融界特聘理财讲师。熟悉牛建萍的人，都公认她对人、对工作以及对生活都充满了无限的热情与活力。

人的生命是有限的，而人的潜能是无限的。这是她上台演讲时经常说的一句格言。

● **调和之美**

牛建萍是一个面相和善而且柔弱的女子，在课堂上的她却拥有强大的磁场，她的理财课总会让人有醍醐灌顶、茅塞顿开之感。前沿的理念，专业的讲解，留给学员睿智和理性的印象，如果用画笔画出来，偏于冷色。

走下讲台的牛建萍，气质优雅，言语柔和，是一种偏于暖色调的美，宁静中散发出独具特色的魅力和个人气质。

这种冷色和暖色调和出来的目光，坚定且温和。随着采访的深入，笔者被这种坚定、温和感动。

坚定是一种是对理想和事业的不懈追求，是呈现在世人眼中的一种外在表现，而这种温和才是她真实的自我。牛建萍在自己的专业领域，将女性善于引导的特性发挥得淋漓尽致，她讲的理财课深入浅出，将原本枯燥乏味的理财课程创新解读，让学员获益匪浅。

作为一名创新理财思维研究专家，在多年的理财讲师生涯中，她曾服务过的机构有银行、机关、社会团体、协会、媒体、网站、学校、金融机构及民营企业等 18 个行业，曾聆听过牛老师课程的学员就达近 6 万人。她被称为中国创新理财第一人，成为创新理财思维研究的一面旗帜。

当我们把聚光灯打在这位理财专家的人生旅途上，她的坚韧、执着，以及她所独有的亲和力，让人无不为之惊叹连连。

● **心若梅花**

牛建萍出生在河北，成长在内蒙、东北，从小她就觉得自己不是一个普通人。

一个人的命运与时代是密不可分的，一直抱有大学梦的她，却在中学毕业时成了知青，被分配在当时的内蒙建设兵团修理汽车电器。除了修汽车电器的专业知识，牛建萍也丝毫没有放松文化课的学习，只要一有空，她就拿起书本复习文化知识，为将来上大学做准备。

然而，命运却和她开了一个玩笑。

五年后，一批批的知识青年或者上了大学，或者回了城，或者真正入伍当了兵，而牛建萍却因父亲被打成了走资本主义当权派，一直都不能回城。

可是，一颗不安分的心，就像一块石头投入水中，注定要掀起波澜。

牛建萍本能地觉得如果不读书就意味着不能主宰自己的命运，这种灵魂深处对命运的主导和对知识的渴望，为她勾勒出一个积极向上的心态。她的大学梦又开始旺盛地滋长起来。为了实现自己的梦想，除了工作，牛建萍把所有的时间都用在学习上。

当时，孩子三岁，一家三口住在一间15平方米的小房子里，一张睡觉的床就成了牛建萍的书桌，下班后牛建萍不是带着孩子出去游玩，而是一头扎进书堆里。

有一种花，愈是风欺雪压，愈是昂首挺立，开得愈是精神，愈是香气怡人，这种花，就是梅花。牛建萍就像寒冬中绽放的梅花，命运的磨砺，反而铸就了她一颗坚强的心。

一年后，她以优异的成绩考上了大学，专业是工业会计。四年后，二十多门课程，牛建萍顺利过关，荣获了大学毕业证书，那一刻，牛建萍留下了激动的泪水。而庆祝方式也很特别，就是带着已经6岁的儿子去了趟外地景区旅游一趟。

梅花香自苦寒来，这是梅花的特质，也是牛建萍性格的写照。

● 不做温水中的青蛙

1986，牛建萍被调入沈阳市总工会做财务主管。在机关工作中，牛建萍年年被评为财务先进工作者。在别人眼中，牛建萍工作顺利，家庭美满，应该知足了，可她自己却有着另外的想法。

“在机关工作很优越，没有什么压力，时间久了，我就觉得自己就像温水中的青蛙，如果不跳出来，我这一辈子也就这样了。”她和别人说。

牛建萍的性格中，打破常规、敢于冒险的特质，让她总是不按常理出牌。她毅然放弃令人羡慕的铁饭碗，去工商银行沈阳分行工作。从机关单位调入银行，让很多人不解，最不理解的是她的丈夫。牛建萍给出的理由却很简单，我要的环境是这样：有压力、有竞争、有活力，最主要是能在工作中学习，因为我还有远大的理想还没能实现。

其实此时牛建萍的人生目标已经很清晰了，她认为随着我国经济的发展，人们的收入越来越高，以后理财需求将会越来越多，去银行，是为了学到更多的财务知识，自己实现更远大的理想，在理财方面有所建树。

由此她在工商银行，一干就是十年。职位越来越高，环境和待遇也越加优越，于是，那种久违的不安全感又产生了，她知道，是自己该离开的时候了。

2001 年牛建萍毅然放弃了银行的工作，向领导交了一份辞呈就离开了银行。她在寻找一份具有挑战性的工作，而这份工作，一定能帮助她在理财专业知识积累方面有所帮助，想来想去，她选中了保险业。

她不在乎亲戚和朋友的冷嘲热讽，不到三年，牛建萍就从一个普通的营销员成为了当地平安金融集团的优秀讲师，三年后她不仅在市场做营销，还要兼任全公司讲课任务，她的专业服务，多次被评为星级讲师、客户信得过的保险顾问。一位书法协会大师曾经为她书写了“专业服务、诚信待人、值得信赖”条幅。

牛建萍深厚的文化和学术功底，让和她合作过的人都觉得她已经具备了一个理财专家的能力和潜质，他们相信牛建萍将来注定会成为一名优秀的理财专家。

牛建萍也发现了自己多年来积蓄的能量，她发现，她有一种强烈的预感，自己离梦想越来越近。

● **追梦人**

2005年，牛建萍参加了IARFC国际财务顾问师资格认证的考试，荣获了美国颁发的理财规划师证书，从此她踏上了职业理财规划师和理财讲师的道路。

2006年，她被东北新闻网聘为理财专家，东北新闻网特给她开设东北地区首批理财博客，并与搜狐网合作，在全国率先创立了“策略联盟理财中心”，牛建萍和她的团队经常为解答网友理财问题而忙到深夜，为网友制作财务安全规划。她的博客拥有几十万的点击率，被搜狐网列为名博，她的搜狐理财策划团队先后为30多万网友答疑解惑，被全国评为点击率最高的团队，连续12个月全国点击率名列前茅。

同年，牛建萍在社会上被当地三所理财师资格认证学校聘请，讲授CFP国家理财规划师课程，赢得了参训学员的一致好评。

此年间，她报考了中英国际培训师学习，考试优秀，并在三个月后被中华职教中心正式聘为TTT培训师，声誉越来越高。

此时，为了让自己倡导的理财观念帮助更多的人，从2006年开始，牛建萍就笔耕不辍，在IARFC国际财务顾问师协会、搜狐网、沈阳日报、中华培训网、时代商报、中国民主建国会期刊、工商联商会、中华讲师网、中华理财网等媒体陆续发表了理财文章。

事业上的成就，带给牛建萍成就感的同时，也让她经常地陷入深思：“有这么多的企业家因企业破产而自绝于世；有那么多的年轻人掉进了房奴车奴的漩涡；又有那么多的家庭因钱财去赌博，而抛弃了自己的妻儿老小；还有一些一夜暴富的人买高档轿车、奢侈品，几年后人没到年老钱就挥霍一空，又回到了原点。”这些诸多的不尽如人意的事例，让她又有了新的思路。她觉得应该扩大宣传力度，让大众迅速提高财商意识，过上财富安全自由的生活。

几千年前的孔子就曾说过，五十而知天命，谁能知道年过半百的牛建萍却还能背起行囊来到北京，成了一个名副其实的“北漂”。

为了这场理财的革命，为了全民理财，牛建萍的理财理念日臻完善，其课程日臻成熟，她主讲的课程有“私企老总、白领人士财富安全自由的捷径”、“创新理财——造就家庭财富的秘籍”、“通胀时期如何使你的财富不缩水”、“CFP 理财规划师资格认证课程”、“合股企业主如何使股权财富不流失”、“创新理财——如何避免成为房奴车奴月光族”、“合理规避遗产税——保全资产的秘籍”、“离婚时如何让资产分配合理满意？”、“金融机构客户经理如何尽快提高综合服务素质”、“FQ——实现家庭财富安全自由的捷径”等课题。

她的课程帮助了更多白领人士解除房奴车奴的痛苦，做到财务安全自由；对于私企老总，她的课程能帮助客户发现家庭财务问题，合理规避税金；同时她的课程还涉及中产阶层合理传承资产，让下一代毫无损失地继承企业的资产；对于金融机构学员来说，她的课程可让学员们掌握“理财规划操作路径和技能”，正确配置资金，实现人生目标，达到财务安全自由之目的；对于金融机构（银行、保险、证券等）客户经理的课程，牛建萍突破思维定式，帮助他们树立正确的财商观念，用更高的专业水平让客户满意。

牛建萍的创新式理财课程及她的事迹，引起了培训机构及媒体的关注，她任职于多家培训机构，将发达国家先进财富管理的思维，融通于国内大众的需求，为上百名企业家和白领人士制作理财策划案，均得到很高的评价。

2008 年她荣获全国十大成功创业女性荣誉奖项；2009 年她被中央电视台奋斗栏目特邀演讲，并被评为中国青年奋斗榜样；2010 年数字电视“职业指南频道”播出她主讲的课程：“创新理财——实现财务安全自由的捷径”；2011 年 2 月她成为中央电视台网络华人会客厅特邀嘉宾，解读“中等收入阶层如何理财”；同年 7 月她又评为中国企业教育培训百强先进人物，同时获邀请在讲坛上进行了名为“FQ 财商势在必行”的演讲，提出了很多创新观念；2012 年 1 月在搜狐商学院进行了一场名为“职业经理人如何提高财商观念”的演讲；2012 年初她又报考中国人大财政经济专业博士研修班，继续再深造。

牛建萍最崇拜的人是毛泽东。她说：“毛主席领导中国人民革命让中国人站了起来，但现在人们的理财观念和理财知识都还很落后，没有站起来，理财也是一种革命，我要做的就是点燃理财革命星星之火。”

目前，牛建萍编写的《财商有道——我的财富如何增值》一书马上就要出版了，这意味着目前国内有着创新理念、针对家庭和个人的理财专业书籍正式登台。她的目标是创建中国针对个人和家庭理财培训体系，成为创新中国理财的领跑者和实践者。

行者无疆，祝愿牛建萍越走越远。星星之火可以燎原，冀望理财革命之火，能够熊熊燃烧。

后 记

这本书终于完稿了。作为作者的我松了口气，但是，随之我担心的就是是否有人关注这本书，是否有人真正关心自己的财富。市场上理财的书籍名目繁多，花样翻新。我担心的不是花了四年的时间写成此书，而是担心多少人仍然陷在投资就是理财的误区里，在管理财富的路上仍然迷失着方向。

回顾十几年来，百姓经过了投资市场的涨涨跌跌，曾经赚过钱，但是那仅是投机市场让人们碰到了好运气。可现在人们困惑的是："为什么现在的财富一再贬值而自己束手无策"。读者如果静下心来把这本书全部读完，至少可以将自家的财富理得很清楚，智商高的人还会为家庭制定理财规划。

在投资领域里人们最崇尚的是巴菲特，但是却没有考虑到巴菲特的投资策略和经验是在美国的222年的资本市场，经过几十年积累和创造出来的。而我们中国的资本市场仅仅才有22年，不能同日而语，也没有可比性。在理财的知识领域要从改变思维学起，要从价值观开始，要从生活目标开始，而不是单单地去追逐财富的增值。而这本书就能循序渐进地梳理我们的糊涂观念，正本清源，让我们向科学理财的正确方向发展。

本书主要阅读对象，是走向工作岗位的白领和中等收入人士及在金融机构从事理财工作的专业人士，以及非常渴望实现财务安全自由的人士。

因为专业的局限，我的书有遗憾之处，也可能有读者认为不理想之处。

特别是在财商和理财规划方面，我大胆地提出了一些新的思路和实践，希望给大家一个全新的财商理念和创新理财的方法，也希望此书能在业界起到抛砖引玉的作用。

我的人生使命：在有生之年将国际上最先进、最科学的理财新观念传播给大众，让国人早日实现财富安全自由、生活无忧、幸福一生。

我的目标：在全国建一所财商教育训练学院，届时引领金融理财业健康发展，让大众的财富真正找到正规的理财机构与优秀理财顾问服务。

在此，我特别感谢 IARFC 国际财务顾问师协会的平台，让我在八年前不仅学到了国际上的先进理财知识，并且让我成为了中国第一批国际理财规划师和理财讲师，我倍感荣幸。同时，非常感谢教育部重点课题总课题组对我们财商分课题组的大力支持，也衷心感谢对于我多年来传播财商和理财观念的关注和重视。同时，感谢财商课题组专家智囊的付出，才得以使这本书问世。

我的联系方式：QQ 1099176961 邮箱：kejizhe@126.com

中华讲师网个人网站 :www.niujianping.com

我的新浪播客：http://you.video.sina.com.cn/m/2445640011

牛建萍